Il Ciclo delle Competenze per la Costruzione di Profili Professionali e Standard Formativi

IGNAZIO CALOGGERO

Sommario

PRESENTAZIONE 4

1. SUL CONCETTO DI COMPETENZA 6

2 IL CICLO DELLE COMPETENZE..9

3 INDIVIDUARE LA PROFESSIONE (CHI) 13

4 DEFINIRE I COMPITI (COSA) 21

5 INDIVIDUARE LE AREE DI COMPETENZA (DOVE).........................27

6 INDIVIDUARE LE COMPETENZE (COME)..32

6.1 LE CONOSCENZE (KNOWLEDGE) 35
6.2 LE ABILITÀ (SKILLS)...39
6.3 AUTONOMIA E RESPONSABILITÀ 49

7 FORMAZIONE (CON CHE COSA)..55

7.1 Identificazione dei risultati dell'apprendimento 60
7.2 Individuazione delle Unità Capitalizzabili 64
7.3 Valutazione della qualità erogata 69
7.4 Valutazione dei risultati dell'apprendimento 71
7.5 Riconoscimento dei risultati dell'apprendimento.............................73

8 APPROFONDIMENTI..80

8.1 TASSONOMIA DEGLI OBIETTIVI DELL'APPRENDIMENTO 80
8.2 IL QUADRO TAH-CF NELLA VERSIONE 3.0 88
8.3 NUOVE PROFESSIONI: PROFESSIONISTI DELLE ESPERIENZE 91
Specialista delle Offerte Esperienziali 92
Responsabile delle Esperienze 94
Consulente Esperienziale 97
Manager del Turismo Esperienziale 99
Interprete del Patrimonio Culturale...104
Formatore Esperienziale 109
8.4 ULTERIORI PROFILI PROFESSIONALI..111
Guida Naturalistica..111
Responsabile Sistemi di Gestione Sostenibile degli Eventi 129

BIBLIOGRAFIA 148

Presentazione

La classificazione degli standard di riferimento per le qualifiche professionali e la formazione acquisita in contesti non formali e informali ha tradizionalmente seguito due principali approcci: gli Standard Professionali (o standard occupazionali) e gli Standard Formativi (o di istruzione/formazione). Con il passare degli anni, è emersa l'esigenza di integrare questi due tipi di standard, poiché in realtà non rappresentano entità distinte, ma convergono nelle esigenze del mondo dell'istruzione e del lavoro.

Il volume presenta il modello denominato "Ciclo delle Competenze", costituito dalle seguenti cinque fasi:

1) **Individuare la Professione (Chi)**
2) **Definire i Compiti (Cosa)**
3) **Individuare le Aree di Competenza (Dove)**
4) **Individuare le Competenze (Come)**
5) **Formare (Training) (Con che cosa)**

Le diverse fasi del Ciclo delle Competenze, come l'individuazione della professione, la definizione dei compiti, l'individuazione delle aree di competenza e delle competenze stesse, nonché la formazione, sono tutte interconnesse e si influenzano a vicenda.

Il Ciclo delle Competenze può essere visto come un ponte tra il mondo dell'istruzione e quello del lavoro. Esso fornisce un quadro di riferimento per identificare, definire e sviluppare competenze che siano sia pertinenti per le esigenze del mercato del lavoro, sia basate su solide basi educative e formative.

La versione aggiornata (3.0) del "Quadro delle Competenze del Turismo, delle Arti e del Patrimonio Culturale" (Tourism, Arts and Heritage Competence Framework - TAH-CF) ha adottato il Ciclo delle Competenze come suo schema di riferimento. Questo quadro venne inizialmente elaborato nel 2019, successivamente aggiornato nel 2022, e ha subito una profonda revisione nel 2023. La principale innovazione introdotta con questa revisione è stata la transizione dal precedente modello basato sulle "4 Dimensioni delle Competenze" al nuovo schema del Ciclo delle Competenze, che è l'oggetto del presente lavoro.

1. Sul concetto di Competenza

Le competenze, intese come capacità di utilizzare il sapere e il saper fare, rappresentano una combinazione di conoscenze, abilità e capacità personali, insieme al grado di autonomia e responsabilità richiesto per risolvere problemi o svolgere compiti, anche di natura complessa.

In sintesi, quindi, una **competenza** è la combinazione di conoscenze, abilità e un certo grado di autonomia e responsabilità, che permette a una persona di agire in modo efficace e appropriato in una varietà di situazioni e contesti.

Il Quadro Europeo delle Qualifiche per l'apprendimento permanente (EQF) fornisce le seguenti definizioni:

Competenza (EQF)

Comprovata capacità di utilizzare conoscenze, abilità e capacità personali, sociali e/o metodologiche in situazioni di lavoro o di studio e nello sviluppo professionale e personale. (EQF - Allegato 1 definizione i).

Autonomia e responsabilità (EQF)

Capacità del discente di applicare le conoscenze e le abilità in modo autonomo e responsabile. (EQF - Allegato 1 definizione h).

La categorizzazione degli standard di riferimento per le qualifiche professionali e la formazione acquisita in contesti non formali e informali si è tradizionalmente sviluppata seguendo due principali approcci:

- **Standard Professionali** (o standard occupazionali). Questi sono basati sulla logica dell'impiego e si concentrano sulle mansioni, i compiti e i risultati ottenuti in un contesto lavorativo. Nella sostanza: "cosa sono in grado di svolgere in ambito lavorativo".

- **Standard Formativi** (o di istruzione/formazione). Questi, invece, sono incentrati sulla logica dell'istruzione e della formazione. Si focalizzano su ciò che viene appreso, come viene appreso e come viene valutato l'apprendimento. In sostanza, riguardano il processo di acquisizione e valutazione delle conoscenze e delle competenze.

La necessità di integrare i due tipi di standard è sentita da anni in quanto tali standard nella sostanza non sono entità separate (mondo dell'istruzione e del lavoro); ciò ha fatto sì che gli standard formativi subissero negli anni un'evoluzione concettuale che permettesse questa integrazione.

Gli standard formativi, che tradizionalmente erano formulati in termini di input dell'apprendimento (come discipline, contenuti formativi, programmi di studio e modalità di erogazione della formazione), sono evoluti verso una definizione basata sui risultati dell'apprendimento (learning outcomes). Questi risultati, ottenuti al termine del percorso di apprendimento, sono espressi in termini di Conoscenze, Abilità, Responsabilità e Autonomia. L'attenzione, quindi, si è spostata non tanto sulla struttura del percorso formativo necessario per ottenere un titolo, ma piuttosto sulle competenze effettivamente acquisite al suo termine.

La convergenza e l'integrazione promosse dagli standard europei, come EQF ed ECVET, hanno portato alla definizione di standard legati all'apprendimento (sia formale, non formale che informale) espressi in termini di Conoscenze, Abilità e Autonomia e Responsabilità. Questi rappresentano sia gli standard professionali (riferiti al mondo del lavoro) sia gli standard formativi (riferiti al mondo della formazione). L'elemento chiave che collega questi due standard sono le competenze, che, come abbiamo visto, sono definite dal trinomio "Conoscenze, Abilità e Autonomia e Responsabilità". Tali competenze rappresentano sia i risultati dell'apprendimento, sia i requisiti necessari per svolgere specifici compiti lavorativi.

Questo approccio aiuta a far sì che ciò che si apprende attraverso percorsi formativi sia direttamente applicabile e rilevante per il mondo del lavoro, facilitando così la transizione dall'istruzione al lavoro e contribuendo a ridurre il divario tra competenze acquisite e competenze richieste dal mercato del lavoro.

2 Il Ciclo delle Competenze

Uno strumento utile all'integrazione degli standard professionali (SP) e formative (SF) è proprio il modello che ho denominato "Ciclo delle Competenze".

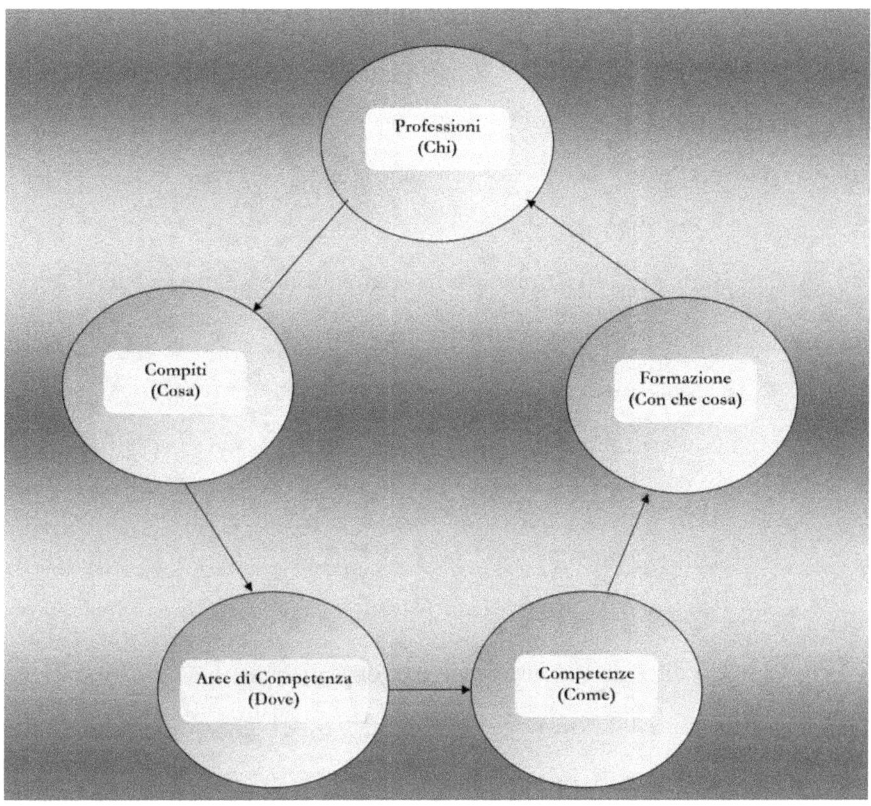

Il Ciclo delle Competenze proposto si basa sui seguenti elementi (o fasi):

1) **Individuare la Professione (Chi)**: L'insieme di riferimento sono le Professioni (P), che è da intendersi un insieme dinamico che fotografa lo stato di fatto, a un dato momento, del mondo delle professioni; pertanto, è suscettibile di evoluzione continua.

2) **Definire i Compiti (Cosa)**: L'insieme di riferimento sono i Compiti (**Tasks**). Per ogni professione, è essenziale definire i compiti e le attività specifiche che caratterizzano il relativo ruolo professionale.

3) **Individuare le Aree di Competenza (Dove)**: L'insieme di riferimento sono le Aree di Competenza, che contengono i singoli settori tematici, all'interno dei quali sono individuabili le competenze necessarie per svolgere i compiti e le attività assegnate alla professione.

4) **Individuare le Competenze (Come)**: L'insieme di riferimento sono le competenze **(Competences)**, che una volta specificato il compito associato, sono a loro volta definite attraverso le seguenti componenti:

   - **Conoscenze (Knowledge)** (Sapere)
   - **Abilità (Skills)** (Saper fare o **capacità di applicare il sapere**)
   - **Livello di Autonomia e Responsabilità (responsibility and autonomy level):** Livello richiesto di capacità di applicare le conoscenze e le abilità in modo autonomo e responsabile. Tale livello è associato a uno degli otto livelli di cui alla classificazione QNQ/EQF.

5) **Formare (Training) (Con che cosa)**: L'insieme di riferimento sono gli strumenti, le tecniche, i metodi e i programmi di formazione utilizzati per sviluppare o migliorare le competenze identificate nella fase 4. Si tratta di determinare come un individuo possa acquisire o perfezionare le competenze

necessarie per una determinata professione. Il percorso formativo dovrebbe basarsi sugli esiti dell'apprendimento (learning outcomes) raggiunti al suo termine. Questi esiti devono garantire l'acquisizione delle competenze necessarie per svolgere i compiti associati al ruolo professionale preso a riferimento. La formazione può essere iniziale, per ottenere le competenze, o di aggiornamento, per mantenerle; da qui la ciclicità delle fasi descritte.

La fase 5 del Ciclo delle Competenze, con l'aggiunta di "Con che cosa", enfatizza l'importanza degli strumenti e delle risorse formative nel processo di sviluppo delle competenze.

Le fasi del Ciclo delle Competenze, come l'individuazione della professione, la definizione dei compiti, l'individuazione delle aree di competenza e delle competenze stesse, nonché la formazione, sono tutte interconnesse e si influenzano a vicenda. Il Ciclo delle Competenze può essere visto come un ponte tra il mondo dell'istruzione e quello del lavoro. Esso fornisce un quadro di riferimento per identificare, definire e sviluppare competenze che siano sia pertinenti per le esigenze del mercato del lavoro, sia basate su solide basi educative e formative.

Il collegamento tra le fasi del Ciclo delle Competenze e gli standard professionali e formativi è quindi il seguente:

- Standard Professionali (SP)

  1) **Individuare la Professione (Chi)**
  2) **Definire i Compiti (Cosa)**
  3) **Individuare le Aree di Competenza (Dove)**
  4) **Individuare le Competenze (Come)**

- Standard Formativi (SF)

  5) **Formazione (Training) (con che cosa)**

3 Individuare la Professione (Chi)

Si tratta di individuare un elenco di professioni che costituirà il punto di partenza del processo di costruzione dei profili professionali; infatti, per ogni professione è necessario, una volta individuati i compiti e le attività specifiche, formalizzare l'insieme delle competenze necessarie a svolgere i compiti previsti dalla professione stessa.

L'elenco delle Professioni di norma non è statico, ma è da intendersi come insieme dinamico che fotografa lo stato di fatto, a un dato momento, del mondo delle professioni del settore preso a riferimento.

Il settore turistico e culturale è un chiaro esempio di come l'evoluzione tecnologica e le mutevoli richieste di mercato possano portare alla nascita di nuove professioni. Ad esempio: Travel Designer, Cultural Event Manager, Heritage Social Media Manager, ecc.

Un discorso a parte merita il Settore del Turismo Esperienziale.

Come pronosticato da Pine e Gilmore nel 1999, stiamo assistendo a un passaggio dall'economia dei servizi a un'economia delle esperienze, la trasformazione, partita dal settore turistico, riguarda ormai qualsiasi settore, compreso quello dei servizi e della commercializzazione dei prodotti (marketing esperienziale). Questo comporta che sempre più aziende mettono a disposizione i propri prodotti e servizi sotto forma di "Offerte Esperienziali". Nasce quindi l'esigenza di nuove professionalità per governare il cambiamento causato dall'emergente economia delle esperienze.

Le nuove figure professionali possono essere suddivise in funzione del tipo di approccio e competenze necessarie a svolgere la propria attività professionale.

- Approccio Prevalentemente Aziendale
  - o **Specialisti delle Offerte Esperienziali** (approccio aziendale): Professionista che opera già nel proprio settore di pertinenza, specializzato in Offerte Esperienziali.
  - o **Responsabile delle Esperienze** (approccio aziendale): Professionista operante di norma all'interno dell'azienda, che si occupa della corretta gestione delle Offerte Esperienziali, di cui è responsabile in tutti i suoi aspetti (operativi e gestionali).
  - o **Consulente Esperienziale** (approccio orientato alle aziende): Professionista operante di norma al di fuori dell'azienda, che si occupa di consulenza aziendale per la realizzazione di offerte esperienziali e l'ottenimento di eventuali Marchi di Qualità Esperienziale.
- Approccio Prevalentemente rivolto al Patrimonio Culturale
  - o **Manager del Turismo Esperienziale**
  - o **Interprete del Patrimonio Culturale** (Heritage Interpreter)
- Approccio rivolto alla Formazione
  - o **Formatore Esperienziale**

Negli approfondimenti (Cap. 8), fornirò ulteriori informazioni su queste figure professionali.

Una prima distinzione nella classificazione delle professioni riguarda la categorizzazione nelle seguenti due classi:

- **Professioni Regolamentate**: Professioni che, per poter essere esercitate legalmente in una specifica giurisdizione o nazione, richiedono il rispetto di determinate norme o criteri stabiliti dalla legge (Es. Medici, Ingegneri, Farmacisti, Avvocati, Notai, Architetti, ecc.)

- **Professioni Non Regolamentate**: Professioni per le quali non esistono specifiche normative o requisiti legali che regolamentano l'accesso o l'esercizio della professione (Manager del Turismo Esperienziale, Destination Manager, Fotografo, Wedding Planner, Artisti, Archeologo, Demoetnoantropologo, Storico dell'Arte, ecc.)

La **Legge 4/2013** ha introdotto in Italia un quadro normativo per le professioni non organizzate in ordini o collegi. Questa legge ha l'obiettivo di riconoscere e valorizzare le professioni non regolamentate, garantendo al contempo la qualità dei servizi offerti al pubblico attraverso la formazione continua e il rispetto di un codice deontologico.

È opportuno ricordare che la classificazione delle professioni in regolamentate e non regolamentate può variare da un paese all'altro e da una giurisdizione all'altra. Queste differenze possono essere influenzate da vari fattori, tra cui le normative locali e le dinamiche del mercato del lavoro, o le pressioni corporative. In aggiunta, è interessante osservare come alcune professioni, originariamente non sottoposte a particolari regolamentazioni, possano evolvere e diventare regolamentate nel corso del tempo. Questi cambiamenti possono essere il risultato di nuove leggi introdotte per rispondere a particolari necessità o preoccupazioni del settore, o per garantire standard di qualità e sicurezza più elevati ai consumatori e ai professionisti stessi.

È altrettanto vero che alcune professioni regolamentate possono diventare NON regolamentate: si veda, a tal proposito, il caso specifico delle **Guide Naturalistiche in Sicilia**. Tale professione era inizialmente regolamentata da una legge regionale; tuttavia, con i cambiamenti normativi, è diventata una professione non regolamentata, e ora rientra nel contesto della Legge 4/2013. Questo significa che, pur non essendo più soggette a una specifica regolamentazione regionale, le Guide Naturalistiche possono comunque esercitare la loro professione seguendo le linee guida e i requisiti stabiliti dalla Legge 4/2013.

Il DPCM 14/10/2021, noto come "Decreto reclutamento" e pubblicato nella Gazzetta Ufficiale n. 268 del 10/11/2021, fornisce per la prima volta una definizione legale di "professionista". Questo decreto identifica i professionisti che sono abilitati a presentare domande sul portale di reclutamento per ottenere incarichi professionali nelle pubbliche amministrazioni.

Ai fini del decreto si intende per **"professionista"**: *la persona fisica iscritta a un albo, collegio o ordine professionale e i professionisti come definiti ai sensi dell'art. 1 della legge 14 gennaio 2013, n. 4, in possesso dell'attestazione di qualità e di qualificazione professionale dei servizi ai sensi dell'art. 7 della legge 14 gennaio 2013, n. 4, rilasciata da un'associazione professionale inserita nell'elenco del Ministero dello sviluppo economico, o in possesso di certificazione in conformità alla norma tecnica UNI ai sensi dell'art. 9 della legge 14 gennaio 2013, n. 4* (Art. 1 DPCM 14/10/2021).

In sintesi, secondo il DPCM 14/10/2021, i "professionisti" riconosciuti sono:

- Professionisti iscritti a un albo, collegio o ordine professionale;
- Professionisti che possiedono un'attestazione di Qualità e Qualificazione professionale, rilasciata secondo la Legge 4/2013;
- Professionisti certificati secondo le norme tecniche UNI.

Per tutte le figure professionali per cui non esistono albi, e considerando la tendenza europea a non incentivare la creazione di nuovi albi nazionali a causa delle difficoltà di riconoscimento a livello europeo, le uniche opzioni disponibili per il riconoscimento dei requisiti professionali, in conformità con la normativa vigente, almeno in Italia, sono l'attestazione secondo la Legge 4/2013 o la certificazione UNI.

Certificazione o Attestazione di Qualità e Qualificazione Professionale dei Servizi?

La certificazione non è facilmente proponibile, almeno in Italia, se non dopo un passaggio che porti alla definizione di norme tecniche emanata dall'Ente nazionale italiano di unificazione (UNI). Tale norma potrebbe anche essere recepita dall'Organismo di Normazione Europea (EN) e infine dall'Organizzazione Internazionale per la Standardizzazione (ISO).

Per capire il significato delle varie sigle, basti pensare che la norma tecnica internazionale sui sistemi di gestione per la qualità UNI EN ISO 9001, è stata emanata a livello internazionale (ISO), recepita sia a livello europeo (EN) sia dall'Ente nazionale italiano di unificazione (UNI).

Il passaggio proposto, almeno in ambito nazionale italiano, è strutturato in due fasi chiave, mirate a garantire un riconoscimento professionale in linea con gli standard europei e nazionali:

• **Primo passo - Riconoscimento da Associazioni Autorizzate:**

Questa fase prevede che le competenze professionali vengano riconosciute da associazioni che hanno ricevuto l'autorizzazione dal Ministero delle Imprese e del Made in Italy (ex MISE) e che adottino schemi di riconoscimento in linea con gli standard europei EQF (European Qualifications Framework), ECVET (European Credit System for Vocational Education and Training). Inoltre, è preferibile che gli schemi di riconoscimento adottati siano coerenti anche con lo standard ANPR UNI, che rappresenta un benchmark nazionale per la certificazione di terza parte.

• **Secondo passo - Adozione delle Norme UNI:**

Dopo aver ottenuto il riconoscimento da associazioni autorizzate, si procede verso l'adozione delle norme UNI specifiche per la certificazione del personale. Questo passo è fondamentale per assicurare che i professionisti siano certificati secondo criteri uniformi e riconosciuti a livello nazionale. L'adozione delle norme UNI garantisce anche una maggiore trasparenza e riconoscibilità delle competenze sul mercato del lavoro.

Attualmente, in Italia, almeno per molte figure operanti nel settore turistico e culturale, è stato compiuto un primo passo significativo in questa direzione. L'Associazione Italiana Professionisti del Turismo e Operatori Culturali (AIPTOC), che è inserita negli elenchi dell'ex MISE in conformità con la Legge 4/2013 e autorizzata a rilasciare attestazioni di Qualità e Qualificazione professionale dei servizi secondo la stessa legge, ha sviluppato una serie di schemi per il riconoscimento delle figure professionali che operano nel settore turistico e culturale. Questi schemi sono stati elaborati in conformità al Quadro (Framework) di riferimento delle competenze richieste e applicate nel settore Turistico, delle Arti e del Patrimonio Culturale, denominato Tourism, Arts, Heritage Competence Framework (TAH-CF).

Per i dettagli dei singoli schemi si rimanda alla pagina web:

https://www.itinerariesperienziali.it/quadro-delle-competenze-del-turismo-delle-arti-e-del-patrimonio-culturale/

4 Definire i Compiti (Cosa)

Per ogni professione presa a riferimento, è essenziale definire i compiti **(Tasks)** e le attività specifiche che caratterizzano il relativo ruolo professionale. Essi forniscono una visione d'insieme delle principali attività e degli obiettivi che un professionista deve raggiungere.

Un compito è solitamente definito da un verbo che descrive un'azione, accompagnato dall'oggetto o dall'obiettivo su cui si concentra quell'azione.

I **compiti** indicano le principali responsabilità o funzioni che un professionista è chiamato a svolgere nel suo ruolo. Le **attività specifiche**, invece, rappresentano le azioni dettagliate intraprese per portare a termine tali compiti.

Ad esempio, considerando un tipico compito di una guida escursionistica **"Realizzare l'offerta escursionistica"**, alcune attività specifiche necessarie relative a tale compito possono essere:

1. Pianificare le attività dal punto di vista qualitativo, operativo e della prevenzione dei rischi
2. Definire procedure e regolamenti interni
3. Gestire le risorse economiche (budget)
4. Gestire le risorse umane (staff)
5. Guidare in sicurezza il gruppo lungo l'itinerario prestabilito
6. Garantire il corretto svolgimento delle escursioni

7. Verificare e controllare il rispetto della normativa vigente applicabile

8. Monitorare la qualità del servizio

Ogni professione è caratterizzata da compiti specifici, ma più professioni possono avere alcuni compiti in comune. Ad esempio, il compito denominato **Realizzare l'offerta escursionistica** è appartenente a tutte le figure professionali interessate al mondo delle escursioni (Guida Ambientale Escursionistica, Guida Cicloturistica, Guida Speleologica, Guida Equestre, Interprete Ambientale, ecc.)

Al fine di tenere conto, nell'assegnazione dei compiti, di attività aggiuntive facoltative, è utile effettuare la seguente distinzione:

- **Compiti fondamentali**: compiti indispensabili per la figura professionale

- **Compiti facoltativi**: compiti aggiuntivi ai fondamentali, che sono a discrezione del singolo professionista

I Compiti fondamentali rappresentano le responsabilità principali e indispensabili che una figura professionale deve svolgere nel proprio ruolo professionale. Ad esempio, nel caso di professionisti che propongono offerte turistiche, questi compiti coprono l'intero ciclo di creazione e gestione di un'offerta turistica, dalla valutazione delle esigenze dell'utenza alla progettazione, realizzazione e miglioramento dell'offerta.

I Compiti facoltativi, d'altra parte, sono compiti che possono essere assunti dalla figura professionale in base alle circostanze specifiche, alle competenze individuali o alle esigenze dell'utenza. Ad esempio, la capacità di fornire primo soccorso o di comunicare in una lingua straniera potrebbe non essere sempre richiesta, ma potrebbe diventare essenziale in determinate situazioni o contesti.

Come vedremo nel prossimo esempio, in determinate circostanze, ciò che normalmente è considerato un compito facoltativo può diventare obbligatorio. Questo sottolinea l'importanza di avere flessibilità nel definire e assegnare compiti, in modo da poter rispondere alle esigenze specifiche di ogni situazione.

Nel definire i compiti può essere inoltre utile, prima di stilarne un elenco dettagliato, fornire una descrizione sintetica della professione stessa che chiarisca gli ambiti di intervento.

Ecco un esempio che illustra alcuni degli aspetti trattati.

Guida Naturalistica (Guida Ambientale Escursionistica)

Descrizione del profilo

La Guida Naturalistica (Guida Ambientale Escursionistica) è una figura professionale ad alto contenuto intellettuale e specialistico, in grado di accompagnare persone singole o gruppi in ambienti di interesse naturale, illustrandone gli aspetti naturalistici, antropologici e culturali del territorio con connotazioni scientifico-culturali.

La Guida naturalistica possiede competenze specifiche per svolgere attività di:

- Ideazione, Progettazione, Organizzazione, Comunicazione, Realizzazione e Miglioramento inerenti alle offerte associate a itinerari di interesse naturalistico e ambientale.

- Supporto a eventuale attività di didattica e educazione ambientale, educazione alla sostenibilità e Consulenza in materie naturalistiche e ambientali.

Note: Sono escluse dall'ambito professionale della Guida naturalistica tutte le attività e i percorsi che richiedano comunque l'uso di attrezzature e di tecniche alpinistiche.

La Guida Naturalistica ha una profonda conoscenza del proprio territorio, con particolare riferimento agli aspetti naturali e ambientali, al fine di individuare e predisporre gli itinerari di interesse naturalistico e ambientale, organizzando e realizzando le escursioni in massima sicurezza e con adeguato equipaggiamento degli escursionisti.

La Guida Naturalistica riesce a conciliare la conoscenza del Patrimonio Culturale del proprio territorio con percorsi naturalistici e ambientali anche al fine di approfondire la conoscenza di elementi di identità locali non solo dal punto di vista naturalistico, ma anche antropico, storico e culturale.

Compiti fondamentali e attività specifiche

- T1: Valutare i bisogni e le aspettative dell'utenza per il settore di riferimento (domanda)
- T2: Individuare scopo, obiettivi e tipologia dell'offerta (Es: percorsi naturalistici classici, percorsi didattici, percorsi tematici ambientali, ecc.)
- T3: Analizzare il Contesto di riferimento
  - o 1 Individuare e Analizzare la normativa di settore
  - o 2 Individuare e Analizzare gli stakeholders (chi sono le parti interessate: interne/esterne)
  - o 3 Individuare e Analizzare le attrazioni (Patrimonio Culturale, Naturale e Ambientale)
- T4: Progettare l'Offerta
- T5: Comunicare l'offerta
- T6: Realizzare l'offerta
  - o 1: Pianificare le attività dal punto di vista qualitativo, operativo e della prevenzione dei rischi
  - o 2: Definire procedure e regolamenti interni
  - o 3: Gestire le risorse economiche (budget)
  - o 4: Gestire le risorse umane (staff)
  - o 5: Guidare in sicurezza il gruppo lungo l'itinerario prestabilito
  - o 6: Garantire il corretto svolgimento delle escursioni
  - o 7: Supportare eventuali attività di Educazione Ambientale

- o 8: Verificare e controllare il rispetto della normativa vigente applicabile
  - o 9: Monitorare la qualità del servizio
- T7: Migliorare l'offerta (miglioramento continuo)

Compiti facoltativi

- T8: Effettuare in prima persona interventi di primo soccorso in caso di incidenti o malore
- T9: Interfacciarsi in lingua straniera in funzione del target territoriale di riferimento dei propri clienti

Nota: L'aspetto facoltativo T8 è legato alla presenza, nel team di accompagnatori dell'escursione, di una figura in possesso delle competenze per effettuare interventi di primo soccorso in caso di incidenti o malore (competenze dimostrate dal possesso del certificato rilasciato a seguito della frequenza di un corso di primo soccorso BLS, erogato da enti autorizzati). Nel caso in cui la Guida Naturalistica sia l'unico componente del team di accompagnatori, il compito T8 diventa obbligatorio.

La competenza del compito T9 può essere messa a disposizione anche da altri componenti del team di accompagnatori, laddove la richiesta dell'utenza lo preveda.

5 Individuare le Aree di Competenza (Dove)

L'insieme di riferimento sono le Aree di Competenza, che contengono i singoli settori o domini in cui una figura professionale deve essere competente per svolgere efficacemente i suoi compiti e attività. Queste aree di competenza fungono da "contenitori" che raggruppano competenze correlate.

Ogni Area di Competenza può comprendere diverse competenze specifiche che sono essenziali per svolgere determinati compiti o attività all'interno di quella specifica area.

Le Aree di Competenza contengono i singoli settori di competenza all'interno dei quali sono identificabili le Competenze Tematiche. Queste ultime, riferendosi ai diversi settori, sono le componenti che possono contribuire alla definizione dei profili professionali. Una singola Competenza Tematica può essere parte integrante di più profili professionali.

Non è facile definire un elenco esaustivo di aree di competenze che comprenda le innumerevoli professioni esistenti, un elenco non esaustivo per il Settore Turistico e Culturale è indicato nello Standard Professionale SP/ TAH-CF citato negli approfondimenti.

Una ipotesi di lavoro che consiglierei è quella di partire da macroaree come ad esempio:

- CTB Area Competenze di Base o di contesto (cosa)
- CTQ Area Competenze del Quality Management e Sistemi di Gestione (come)
- CTS Area Competenze Specialistiche (con quali strumenti specifici)
- CTT Area Competenze Trasversali (con quali strumenti di carattere trasversale)

Le aree sono derivate da un ragionamento che mira a fornire una prima risposta alle seguenti domande:

- **Cosa**: Il contesto di riferimento che costituisce la base di partenza in cui operano i singoli professionisti. Questa area rappresenta la fondamenta su cui si basa una professione. È essenziale avere una chiara comprensione del contesto per poter operare efficacemente in un determinato Settore. Ad esempio, nel Settore Turistico e Culturale alcuni aree di competenza di base potrebbero essere: Patrimonio Culturale, Teatro, Danza, Cinema, Televisione, Musica, Musica, Pittura, Scultura, Fotografia, ecc.)
- **Come**: Come promuovere e gestire le attività afferenti alle professioni. Il Quality Management e i Sistemi di Gestione sono il collante che permette una gestione di qualità dei compiti e delle attività specifiche collegate alle singole professioni. Include

competenze come la pianificazione, il monitoraggio, la valutazione e il miglioramento continuo.

- **Con quali Strumenti**: In questa fase, gli strumenti sono suddivisi in ulteriori due aree:
  - **Specifici (SP)**: Queste competenze sono strettamente legate al settore di riferimento, e rappresentano le abilità e le conoscenze necessarie per svolgere compiti specifici. Sempre nel Settore Turistico e Culturale alcuni strumenti potrebbero essere: Marketing Turistico e Territoriale, Escursionismo, Educazione Ambientale e Sviluppo Sostenibile, Turismo Esperienziale, Museologia, Ecomuseologia, ecc.)
  - **Trasversali (ST): Area di competenze intersettoriale.** Le competenze associate possono essere applicate in una varietà di contesti professionali e non sono legate strettamente a una specifica professione o settore.

Un approfondimento sulle Competenze trasversali

È importante notare che, sebbene alcune competenze trasversali siano essenziali per svolgere specifiche attività lavorative, in contesti dove tali attività sono gestite da strutture organizzate, esse potrebbero essere detenute da diversi membri dello staff. Ad esempio, un'offerta turistica richiede che il professionista o il team nel suo complesso possieda competenze trasversali in ambito economico-finanziario, organizzativo, normativo, linguistico e informatico. In una struttura ben organizzata, queste competenze sono generalmente distribuite tra le diverse risorse umane che compongono lo staff, piuttosto che concentrate in un singolo individuo.

Sempre a titolo di esempio, la conoscenza di una lingua estera è fondamentale per professioni come Accompagnatori e Guide Turistiche, poiché è essenziale per svolgere i loro compiti principali. Tuttavia, in altre professioni, anche se la conoscenza di una lingua straniera può rappresentare un vantaggio, potrebbe non essere strettamente necessaria. Prendiamo il caso del Manager del Turismo Esperienziale: anche se offre servizi a turisti stranieri, all'interno della sua organizzazione può contare su professionisti con le competenze linguistiche necessarie per operare efficacemente.

Una possibile classificazione delle competenze trasversali potrebbe essere la seguente:

- Competenze Relazionali e di negoziazione
- Competenze ICT (Tecnologie dell'Informazione e della Comunicazione)
- Competenze Organizzative
- Competenze Economico Finanziarie
- Competenze Normative
- Competenze Linguistiche
- Competenze di Problem Solving
- Competenze di Leadership
- Competenza di Vendita e Marketing

Un elenco non esaustivo di Competenze Normative

- Privacy

- Sicurezza nei luoghi di lavoro

- Igiene e Sicurezza degli Alimenti

- Diritto d'Autore e del Copyright

- Tutela Ambientale e Rifiuti

- Tutela e Fruizione del Patrimonio Culturale

- Legislazione Turistica

- Legislazione Fiscale

- Legislazione sul Commercio Elettronico

- Legislazione sui Trasporti

- Legislazione sulle Pari Opportunità

6 Individuare le Competenze (Come)

Le competenze (**capacità di <u>utilizzare</u> il sapere e il saper fare**) costituiscono un elemento combinatorio che tiene conto delle **conoscenze, abilità e capacità personali,** nonché del relativo grado di autonomia e responsabilità necessarie per risolvere un problema o svolgere un **compito** anche complesso.

Le competenze, una volta specificato il compito associato, sono definite attraverso le seguenti componenti:

- **Conoscenze (Knowledge)** (Sapere). Si riferiscono alle informazioni o ai fatti che una persona conosce in un particolare campo o settore.

- **Abilità (Skills)** (Saper fare o **capacità di applicare il sapere**). Si riferiscono alla capacità di applicare le conoscenze in modo pratico per svolgere compiti o risolvere problemi.

- **Livello di Autonomia e Responsabilità (responsibility and autonomy level):** Livello richiesto di capacità di applicare le conoscenze e le abilità in modo autonomo e responsabile. Tale livello è associato a uno degli otto valori di cui alla classificazione QNQ/EQF.

È importante notare la differenza tra i verbi utilizzati quando si fa riferimento alle 'Abilità' e alla 'Autonomia e responsabilità'. Mentre nel primo caso si usa **'applicare'**, nel secondo si usa **'utilizzare'**. La capacità di 'utilizzare' implica un livello di padronanza superiore di un insieme strutturato di conoscenze, abilità e capacità personali necessarie per svolgere un compito. Questo, a sua volta, suggerisce un certo grado di responsabilità e autonomia da parte dell'individuo che svolge il compito.

6.1 Le conoscenze (Knowledge)

Le conoscenze (**il sapere**) sono il risultato, in termini di quantità, di informazioni assimilate a seguito di un percorso di apprendimento (formale, non formale o informale). Nella sostanza, la funzione che più si adatta a questo concetto è: ricordare i contenuti assimilati a seguito di un percorso di apprendimento. Le frasi più adatte alla conoscenza potrebbero essere: sapere, (ri)conoscere, ricordare, memorizzare, identificare; a questi verbi ovviamente andrebbe aggiunto il "cosa" -> "sapere cosa" "conoscere cosa", "ricordare cosa", ecc.

Qualche parola in più sui verbi appena citati:

- **Sapere**: Questo verbo indica una familiarità generale o una comprensione di un particolare argomento o concetto. Ad esempio, "sapere" come funziona un orologio o "sapere" la storia di un particolare evento storico.

- **(Ri)conoscere**: Questo verbo suggerisce una familiarità basata sull'esperienza precedente. Ad esempio, "(ri)conoscere" una persona incontrata prima o "(ri)conoscere" un concetto studiato in passato.

- **Ricordare**: Questo verbo si riferisce alla capacità di richiamare informazioni dalla memoria. Ad esempio, "ricordare" un teorema imparato a scuola o "ricordare" un fatto storico.

- **Memorizzare**: Questo verbo indica l'atto di immagazzinare informazioni nella memoria per un uso futuro. Ad esempio, "memorizzare" una lista di leggi.

- **Identificare**: Questo verbo suggerisce la capacità di riconoscere e nominare qualcosa. Ad esempio, "identificare" una specie di pianta guardando una foto, o "identificare" un problema in un esperimento.

Ogni verbo ha una sfumatura leggermente diversa, ma tutti si riferiscono alla capacità di acquisire, conservare e richiamare informazioni. E, come già detto, a questi verbi si aggiunge spesso il "cosa", che specifica l'oggetto o il concetto in questione.

La conoscenza può essere classificata in vari modi, ad esempio:

- **Fattuale:** conoscenza dei fatti: termini, elementi, dettagli specifici
- **Concettuale:** conoscenza dei concetti: relazioni tra i vari elementi, conoscenza di teorie, modelli e strutture
- **Procedurale:** conoscenza dei modi di operare, dei metodi, dei criteri
- **Metacognitiva:** conoscenza delle strategie, dei compiti cognitivi, conoscenza di sé stessi

Altre distinzioni possono essere: conoscenza teorica/pratica, esplicita/implicita, e altri termini che assumono un significato in funzione del contesto in cui viene utilizzato il termine "conoscenza.

Il Quadro Europeo delle Qualifiche per l'apprendimento permanente (EQF) fornisce la seguente definizione di conoscenze:

Conoscenze (EQF): Risultato dell'assimilazione di informazioni attraverso l'apprendimento.

Le conoscenze sono un insieme di fatti, principi, teorie e pratiche relative a un settore di lavoro o di studio. Nel contesto del Quadro europeo delle qualifiche, le conoscenze sono descritte come teoriche e/o pratiche (EQF - Allegato 1 definizione f)

L'EQF distingue otto livelli che corrispondono a diversi gradi di approfondimento di conoscenza che le qualifiche associate a uno specifico livello dovrebbero avere. Si parte da semplici conoscenze generali di base per passare gradualmente a conoscenze sempre più concettuali, specializzate e astratte, fino ad arrivare alla "consapevolezza critica di questioni legate alla conoscenza stessa" e alle "conoscenze più all'avanguardia".

È possibile intravedere una certa analogia tra i vari livelli di conoscenza descritti nel quadro EQF e i vari livelli che seguono la logica del pensiero cognitivo descritta nella tassonomia degli obiettivi educativi di Bloom (si veda Cap. 8).

I livelli di conoscenza nel quadro EQF/QNQ

	EQF	QNQ
Livello 1	Conoscenze generali di base	Conoscenze concrete, di base, di limitata ampiezza, finalizzate ad eseguire un compito semplice in contesti noti e strutturati
Livello 2	Conoscenze pratiche di base in un ambito di lavoro o di studio	Conoscenze concrete, di base, di moderata ampiezza, finalizzate ad eseguire compiti semplici in sequenze diversificate.
Livello 3	Conoscenza di fatti, principi, processi e concetti generali, in un ambito di lavoro o di studio	Gamma di conoscenze, prevalentemente concrete, con elementi concettuali finalizzati a creare collegamenti logici. Capacità interpretativa.
Livello 4	Conoscenze pratiche e teoriche in ampi contesti in un ambito di lavoro o di studio	Ampia gamma di conoscenze, integrate dal punto di vista della dimensione fattuale e/o concettuale, approfondite in alcune aree. Capacità interpretativa.
Livello 5	Conoscenze pratiche e teoriche esaurienti e specializzate, in un ambito di lavoro o di studio, e consapevolezza dei limiti di tali conoscenze	Conoscenze integrate, complete, approfondite e specializzate. Consapevolezza degli ambiti di conoscenza.
Livello 6	Conoscenze avanzate in un ambito di lavoro o di studio, che presuppongono una comprensione critica di teorie e principi	Conoscenze integrate, avanzate in un ambito, trasferibili da un contesto ad un altro. Consapevolezza critica di teorie e principi in un ambito
Livello 7	Conoscenze altamente specializzate, parte delle quali all'avanguardia in un ambito di lavoro o di studio, come base del pensiero originale e/o della ricerca Consapevolezza critica di questioni legate alla conoscenza in un ambito e all'intersezione tra ambiti diversi	Conoscenze integrate, altamente specializzate, alcune delle quali all'avanguardia in un ambito. Consapevolezza critica di teorie e principi in più ambiti di conoscenza.
Livello 8	Le conoscenze più all'avanguardia in un ambito di lavoro o di studio e all'intersezione tra ambiti diversi	Conoscenze integrate, esperte e all'avanguardia in un ambito e nelle aree comuni ad ambiti di- versi. Consapevolezza critica di teorie e principi in più ambiti di conoscenza

6.2 Le Abilità (Skills)

Le abilità (**il saper fare**) (o **capacità di <u>applicare</u> il sapere**) sono l'insieme delle capacità necessarie a svolgere compiti e risolvere problemi specifici.

Nella sostanza determina il "cosa si è in grado di svolgere" o "saper fare" dopo un percorso di apprendimento (formale, non formale o informale).

I termini "abilità" e "capacità" non si equivalgono.

- **Abilità (Saper Fare):** Le abilità sono competenze frutto di apprendimento e pratica, e possono essere migliorati nel tempo.

- **Capacità:** Le capacità, invece, sono inclinazioni o predisposizioni naturali che una persona possiede, in quanto caratteristiche individuali (che abbiamo dentro di noi e che in genere sono poco modificabili). Possono comunque essere sviluppate e affinate attraverso l'esperienza e l'apprendimento.

Un esempio concreto potrebbe essere questo: una persona potrebbe possedere una "capacità" naturale per le lingue, manifestando una grande capacità nell'identificare suoni e una significative memoria per le parole. Tuttavia, per padroneggiare effettivamente una lingua, tale persona avrebbe bisogno di sviluppare le "abilità" necessarie attraverso lo studio e la pratica, come la grammatica, il vocabolario e la pronuncia.

Il Quadro Europeo delle Qualifiche per l'apprendimento permanente (EQF) fornisce la seguente definizione di abilità:

Abilità (EQF): Capacità di applicare le conoscenze e di usare il *know-how* per portare a termine compiti e risolvere problemi.

Nel contesto del Quadro europeo delle qualifiche, le abilità sono descritte come **cognitive** (comprendenti l'uso del pensiero logico, intuitivo e creativo) e **pratiche** (comprendenti l'abilità manuale e l'uso di metodi, materiali, strumenti) (EQF - Allegato 1 definizione g).

Così come per le conoscenze, l'EQF distingue otto livelli che corrispondono a diversi valori di abilità che le qualifiche associate a uno specifico livello dovrebbero avere. Si parte da semplici abilità pratiche di base necessarie a svolgere semplici compiti, ad abilità cognitive specializzate orientate alla soluzione di problemi, e infine a quelle ancora più specializzate, che comprendono le capacità di sintesi e di valutazione, necessarie a risolvere problemi complessi.

Anche in questo caso è possibile intravedere una certa analogia con quanto descritto nella tassonomia degli obiettivi educativi di Bloom.

I livelli di abilità nel quadro EQF/QNQ

	EQF	QNQ
Livello 1	Abilità di base necessarie a svolgere compiti semplici	Applicare saperi, materiali e strumenti per svolgere un compi- to semplice, coinvolgendo abilità cognitive, relazionali e sociali di base. Tipicamente: CONCENTRAZIONE e INTERAZIONE
Livello 2	Abilità cognitive e pratiche di base necessarie all'uso di informazioni pertinenti per svolgere compiti e risolvere problemi ricorrenti usando strumenti e regole semplici	Applicare saperi, materiali e strumenti per svolgere compiti semplici in sequenze diversificate, coinvolgendo abilità cognitive, relazionali e sociali necessarie per svolgere compiti semplici all'interno di una gamma definita di variabili di contesto. Tipicamente: MEMORIA e PARTECIPAZIONE
Livello 3	Una gamma di abilità cognitive e pratiche necessarie a svolgere compiti e risolvere problemi scegliendo e applicando metodi di base, strumenti, materiali ed informazioni	Utilizzare anche attraverso adattamenti, riformulazioni e rielaborazioni una gamma di saperi, metodi, materiali e strumenti per raggiungere i risultati previsti, attivando un set di abilità cognitive, relazionali, sociali e di attivazione che facilitano l'adattamento nelle situazioni mutevoli. Tipicamente: COGNIZIONE, COLLABORAZIONE e ORIENTAMENTO AL RISULTATO
Livello 4	Una gamma di abilità cognitive e pratiche necessarie a risolvere problemi specifici in un ambito di lavoro o di studio	Utilizzare anche attraverso adattamenti, riformulazioni e rielaborazioni una gamma di saperi, metodi, prassi e protocolli, materiali e strumenti, per risolvere problemi, attivando un set di abilità cognitive, relazionali, sociali e di attivazione necessarie per superare difficoltà crescenti. Tipicamente: PROBLEM SOLVING, COOPERAZIONE e MULTITASKING
Livello 5	Una gamma esauriente di abilità cognitive e pratiche necessarie a dare soluzioni creative a problemi astratti	Utilizzare anche attraverso adattamenti, riformulazioni e rielaborazioni un'ampia gamma di metodi, prassi, protocolli e strumenti, in modo consapevole e selettivo anche al fine di modificarli, attivando un set esauriente di abilità cognitive, relazionali, sociali e di attivazione che consentono di trovare soluzioni tecniche anche non convenzionali. Tipicamente: ANALISI E VALUTA- ZIONE, COMUNICAZIONE EFFICACE RISPETTO ALL'AMBITO TECNICO e GESTIONE DI CRITICITÀ

Livello 6	Abilità avanzate, che dimostrino padronanza e innovazione necessarie a risolvere problemi complessi ed imprevedibili in un ambito specializzato di lavoro o di studio	Trasferire in contesti diversi i metodi, le prassi e i protocolli necessari per risolvere problemi complessi e imprevedibili, mobilitando abilità cognitive, relazionali, sociali e di attivazione avanzate, necessarie per portare a sintesi operativa le istanze di revisione e quelle di indirizzo, attraverso soluzioni innovative e originali. Tipicamente: VISIONE DI SINTESI, CAPACITA' DI NEGOZIARE E MOTIVARE e PROGETTAZIONE
Livello 7	Abilità specializzate, orientate alla soluzione di problemi, necessarie nella ricerca e/o nell'innovazione al fine di sviluppare conoscenze e procedure nuove e integrare le conoscenze ottenute in ambiti diversi	Integrare e trasformare saperi, metodi, prassi e protocolli, mobilitando abilità cognitive, relazionali, sociali e di attivazione specializzate, necessarie per indirizzare scenari di sviluppo, ideare e attuare nuove attività e procedure. Tipicamente: VISIONE SISTEMI- CA, LEADERSHIP, GESTIONE DI RETI RELAZIONALI E INTERA- ZIONI SOCIALI COMPLESSE e PIANIFICAZIONE
Livello 8	Le abilità e le tecniche più avanzate e specializzate, comprese le capacità di sintesi e di valutazione, necessarie a risolvere problemi complessi della ricerca e/o dell'innovazione e ad estendere e ridefinire le conoscenze o le pratiche professionali esistenti	Concepire nuovi saperi, metodi, prassi e protocolli, mobilitando abilità cognitive, relazionali, sociali e di attivazione esperte, necessarie a intercettare e rispondere alla domanda di innovazione. Tipicamente: VISIONE STRATEGICA, CREATIVITÀ e CAPACITÀ DI PROIEZIONE ED EVOLUZIONE

Le abilità vanno descritte mediante l'uso di verbi espressi in modo attivo. Spesso, per questo scopo, si fa riferimento alle tassonomie basate sul modello di Bloom. Questi verbi devono essere specificati e adattati al contesto ogni volta, tenendo anche conto del livello di abilità raggiunto.

Esempi di verbi utilizzabili (esempio non esaustivo):

- Sapere, Essere in grado, Avere la capacità di (accompagnato da un altro verbo tra quelli di seguito indicati):
- Individuare
- Definire
- Contestualizzare
- Progettare
- Pianificare
- Coordinare
- Analizzare
- Dirigere
- Coordinare
- Comunicare
- Valutare
- Stabilire
- Generare
- Realizzare
- Effettuare
- Sviluppare,
- Organizzare
- Supervisionare
- Creare
- Decidere
- Determinare

- Innovare
- Proporre
- Orientare
- Attuare
- Mantenere
- Migliorare
- Applicare
- Utilizzare
- Eseguire
- Consultare
- Stabilire
- Gestire
- Integrare
- Ideare
- Costruire
- Produrre
- Scenografare
- Suonare
- Montare
- Modellare
- Visualizzare
- Sonorizzare
- Registrare
- Documentare

- Adattare
- Doppiare
- Recitare
- Danzare
- Fotografare
- Dirigere
- Coreografare
- Sceneggiare
- Condurre
- Scrivere
- Raccontare
- Musicare
- Restaurare
- Cantare
- Comporre
- Disegnare
- Programmare
- Scolpire
- Dipingere
- Architettare
- …

Questi verbi devono essere dettagliati e adattati in base ai compiti e alle attività previste per il determinato profilo professionale in esame. La scelta dei verbi sarà influenzata dagli ambiti di competenza specifici, che saranno alla base della definizione dei vari profili professionali che operano nei settori di riferimento.

Un esempio operativo: Guida Naturalistica.

Un esempio di profilo professionale in cui è possibile individuare le abilità e conoscenze associate alla figura della Guida Naturalistica (Guida Ambientale Escursionistica). Per lo schema completo rimando al capitolo finale.

La Guida naturalistica possiede competenze specifiche per svolgere attività di:

- Ideazione, Progettazione, Organizzazione, Comunicazione, Realizzazione e Miglioramento inerenti alle offerte associate a itinerari di interesse naturalistico e ambientale.
- Supporto a eventuale attività di didattica e educazione ambientale, educazione alla sostenibilità e Consulenza in materie naturalistiche e ambientali.

La Guida Naturalistica ha una profonda conoscenza del proprio territorio, con particolare riferimento agli aspetti naturali e ambientali, al fine di individuare e predisporre gli itinerari di interesse naturalistico e ambientale, organizzando e realizzando le escursioni in massima sicurezza e con adeguato equipaggiamento degli escursionisti.

La Guida Naturalistica riesce a conciliare la conoscenza del Patrimonio Culturale del proprio territorio con percorsi naturalistici e ambientali, anche al fine di approfondire la conoscenza di elementi di identità locali non solo dal punto di vista naturalistico, ma anche antropico, storico e culturale.

Compiti e attività specifiche (estratto)

Compiti fondamentali e attività specifiche

- T1: Valutare i bisogni e le aspettative dell'utenza per il settore di riferimento (domanda)
- T2: Individuare scopo, obiettivi e tipologia dell'offerta (Es: percorsi naturalistici classici, percorsi didattici, percorsi tematici ambientali, ecc.)
- T3: Analizzare il Contesto di riferimento
- T4: Progettare l'Offerta
- T5: Comunicare l'offerta
- T6: Realizzare l'offerta
- …

Competenze, Abilità e Conoscenze (estratto)

Compito T1: Valutare i bisogni e le aspettative dell'utenza per il settore di riferimento (domanda)

Abilità

- SQ1: Capacità di analisi
- SQ2: Capacità di sintesi
- SQ10: Analizzare i requisiti espliciti, impliciti e cogenti dell'utenza

- SP15: Analizzare la domanda di settore e applicare gli strumenti del Marketing Turistico Territoriale

Conoscenze

- KQ2: Quality Management – Fattori, indicatori e standard della qualità nei servizi
- KQ22: Quality Management – Fattori (dimensioni) e indicatori di qualità
- KS6: Turismo Naturalistico
- KS29: Marketing Turistico
- KQ33: Quality Management – Analisi dei requisiti delle parti interessate

Compito T2: Individuare scopo, obiettivi e tipologia dell'offerta

Abilità

- SP71: Individuare e classificare le varie tipologie di escursioni

Conoscenze

- KS190: Percorsi naturalisti-ambientali (classificazione e concetti base)
- KS191: Caratteristiche delle escursioni

6.3 Autonomia e Responsabilità

Il Livello **Autonomia e Responsabilità** di corrispondenza QNQ/EQF andrebbe associato per ogni singola competenza. Di norma, a esclusione di alcune figure professionali e-CF, ciò non avviene, in quanto viene fornito il livello QNQ/EQF complessivo dato alla figura professionale nell'insieme. Questo avviene per semplificare e fornire un unico valore di EQF, ed è possibile grazie all'applicazione del "principio qualitativo di prevalenza".

Il principio qualitativo di prevalenza è anche riportato nell'allegato 2 "Criteri minimi per la referenziazione delle qualificazioni italiane al Quadro Nazionale delle Qualificazioni" del Decreto MLPS – MIUR 08/01/2018 "Istituzione del Quadro nazionale delle qualificazioni rilasciate nell'ambito del Sistema nazionale di certificazione delle competenze di cui al decreto legislativo 16 gennaio 2013, n. 13".

"Nel caso in cui la qualificazione presenti competenze con differenti livelli ovvero livelli differenti rispetto alle dimensioni o ai descrittivi del QNQ e comunque, nel più complessivo processo delle valutazioni di comparazione e coerenza di cui al presente punto, la referenziazione deve avvenire sempre in base al principio qualitativo di prevalenza, attribuendo alla qualificazione il livello maggiormente ricorrente".

In altre parole, se una qualificazione ha una varietà di competenze che si estendono su diversi livelli, piuttosto che assegnare un livello medio o cercare di bilanciare tra i diversi livelli, il livello che è più frequentemente rappresentato o che è predominante viene utilizzato come riferimento per la qualificazione nel suo complesso.

Il risultato, conseguente all'applicazione del "principio qualitativo di prevalenza" è quindi che molte norme, comprese le recenti norme UNI per la definizione dei profili professionali, rappresentano le singole competenze attraverso le seguenti componenti:

- **Conoscenze (K**nowledge)
- **Abilità (S**kill)

e riportano un unico livello EQF riferibile alla professione.

Da notare come le norme UNI emesse fino alla metà del 2021 riportano una terna così composta:

- **Conoscenze (K**nowledge)
- **Abilità (S**kill)
- **Competenze (C)**

Le competenze sono qui esplicitate con modalità simili alle abilità, creando, in alcuni casi, confusione tra i termini "abilità" e "competenze" che portava a una sorta di sovrapposizione terminologica. Questo aspetto è probabilmente legato al fatto che nel EQF del 2008, nella tabella dell'allegato II (Descrittori che definiscono i livelli del quadro europeo delle qualifiche (EQF), era usato il termine "competenze" al posto di "autonomia e responsabilità".

Nell'individuare le competenze associate a una specifica professione, bisogna tenere conto della regolamentazione, o mancanza della stessa, di tale professione, in quanto le prime hanno requisiti specifici stabiliti dalla legge, mentre le seconde possono variare in base a norme tecniche, prassi di riferimento o schemi proposti da parti interessate.

Ecco una prima classificazione:

- **A) Professione regolamentata:** Le competenze sono (o dovrebbero) essere definite dalla normativa che disciplina la professione. In tal caso SI DEVE fare riferimento a quanto previsto dalla normativa vigente nella giurisdizione o nazione in cui la professione è stata regolamentata (Ingegneri, Medici, Architetti, Guide Alpine, ecc.)

- **B) Professione non regolamentata, ma costruita sulla base di una norma tecnica o prassi di riferimento.** Le competenze sono definite da norme tecniche, come potrebbero essere le norme ISO, EN o UNI, o prassi di riferimento come lo sono in Italia le UNI PdR. In tal caso è necessario fare riferimento alle norme tecniche pubblicate laddove si ha interesse a una certificazione di terze parti o riconoscimento ai sensi delle PdR pubblicate.

- **C) Professione non regolamentata ma costruita sulla base di un riferimento normativo.** Le competenze sono definite sulla base di riferimenti normativi definiti a livello nazionale o giurisdizionale o da schede definite da Enti Pubblici (ad esempio, in Italia, le schede dei Professionisti del Patrimonio Culturale definiti ai sensi del D.M 244 20/05/2019: Archeologo, Demoetnoantropologo, Storico dell'Arte, ecc.). In tal caso, è necessario fare riferimento alle norme tecniche pubblicate laddove si ha interesse al riconoscimento da parte dell'Ente Pubblico che ha emesso il riferimento normativo.

- **D) Professione non regolamentata e costituita sulla base di uno schema proposto da una parte interessata (Stakeholder).** In tal caso, è necessario fare riferimento allo schema proposto laddove si ha interesse a un riconoscimento della parte interessata. In Italia, ad esempio, è il caso degli schemi di riconoscimento pubblicati da Associazioni Professionali autorizzati a rilasciare Attestazione ai sensi della Legge 4/2013.

- **E) Professione non regolamentata e non esiste nessun schema di riferimento.** In tal caso, si è liberi di definire le competenze, stando attendi che siano coerenti e pertinenti con la professione presa a riferimento.

Vediamo alcuni esempi relativi alle professioni non regolamentate.

Le competenze sono definite all'intero di norme o prassi di riferimento.

Norme UNI

- Fotografo (UNI 11476: 2013)

- Bibliotecario (UNI 11535: 2014)

- Archivista (UNI 11536: 2014)

- Project Manager (UNI 11648: 2016)

- Responsabile progetti Sensoriali (UNI 11637:2016)

- Formatore di Management (UNI 11754: 2019)

- Consulente di Management (UNI 11369:2019)

- Progettista sociale (UNI 11746: 2019)

- Installatore di sistemi di ancoraggio (UNI 11900: 2023)

Professioni individuate all'interno di Prassi di riferimento (UNI PdR)

- Food & Beverage Manager (UNI/PdR 52/20018)

- Restaurant Manager (UNI/PdR 52/20018)

- Bar Manager (UNI/PdR 52/20018)

- Maître (UNI/PdR 52/20018)

- Wedding Planner (UNI/PdR 61/20019)

- Figure professionali operanti nell'ambito della travel security (UNI/PdR 124/2022)

Le competenze sono definite all'intero di decreti o altri tipi di riferimento normativo.

- Antropologo Fisico DM. 244 MIBACT del 20/05/2019 (Allegato 1)
- Archeologo DM. 244 MIBACT del 20/05/2019 (Allegato 2)
- Archivista DM. 244 MIBACT del 20/05/2019 (Allegato 3)
- Bibliotecario DM. 244 MIBACT del 20/05/2019 (Allegato 4)
- Demoetnoantropologo DM. 244 MIBACT del 20/05/2019 (Allegato 5)
- Conservation scientist DM. 244 MIBACT del 20/05/2019 (Allegato 6)
- Storico dell'Arte DM. 244 MIBACT del 20/05/2019 (Allegato 7)

Come si può notare, possono esistere dei casi in cui una professione è sia definita da una norma tecnica, sia da un riferimento normativo (vedi Archivista e Bibliotecario. In tal caso la scelta dipende dal tipo di riconoscimento a cui si è interessati.

In appendice (Cap. 8) alcuni esempi di figure professionali nel caso D.

7 Formazione (Con che cosa)

Come abbiamo visto, la fase 5 del ciclo delle competenze rappresenta quella della Formazione, in cui l'insieme di riferimento è rappresentato dagli strumenti, le tecniche, i metodi e i programmi di formazione utilizzati per sviluppare o migliorare le competenze identificate nella fase 4.

In sostanza, si parla quindi di percorsi formativi che, come abbiamo detto, devono basarsi sul concetto di **learning outcomes**. Questi esiti devono garantire l'acquisizione delle competenze rappresentate dal trinomio "Conoscenze, Abilità e Autonomia e Responsabilità", necessarie per svolgere i compiti associati al ruolo professionale preso a riferimento. La formazione può essere iniziale per ottenere le competenze, o di aggiornamento per mantenerle: da qui la ciclicità delle fasi descritte.

Un percorso formativo può essere visto come un processo, e dovrebbe essere descritto attraverso uno schema che comprenda almeno i seguenti elementi (o fasi).

Fasi del Processo Formativo

- **1) Identificazione dei risultati dell'apprendimento**: che, ricordiamo, sono definiti in termini di conoscenze, abilità e autonomia e responsabilità. Questa è la fase fondamentale in cui si stabiliscono gli obiettivi formativi.

- **2) Individuazione delle Unità Capitalizzabili**: Questa fase riguarda la strutturazione del percorso formativo in unità didattiche o moduli. Ogni unità dovrebbe avere obiettivi specifici e contribuire al raggiungimento degli obiettivi generali del percorso. Ogni unità deve essere definita in termini leggibili e comprensibili e dovrebbe essere il più possibile "autoportante", nel senso di indipendente dalle altre unità, così come in linea teorica i contenuti didattici dovrebbero riferirsi a specifiche competenze.

- **3) Valutazione della qualità erogata**: identificazione degli strumenti di monitoraggio della qualità della formazione erogata.

- **4) Valutazione dei risultati dell'apprendimento**: si tratta di identificare i metodi e i processi utilizzati per la valutazione dei risultati dell'apprendimento.

- **5) Riconoscimento dei risultati dell'apprendimento**: Questa fase riguarda il riconoscimento formale delle competenze acquisite. In questi casi bisogna distinguere almeno tra: Apprendimento Formale (Certificazione delle competenze) e Apprendimento Non Formale e Informale (Certificazione di terza parte/Attestazione).

I Vantaggi dello schema indicato sono diversi, e tra questi:

- **Risultati dell'Apprendimento.** Permette di definire percorsi formativi in termini di risultati dell'apprendimento, che indichino precisamente che cosa conosce ed è in grado di fare chi è in possesso dell'attestato finale rilasciato alla fine del percorso di formazione.

- **Trasparenza e Riconoscibilità.** Garantisce una maggiore trasparenza, riconoscibilità dei contenuti e dei risultati dell'apprendimento.

- **Modularità e Flessibilità.** L'utilizzo di unità capitalizzabili, che siano anche "autoportanti" e indipendenti, riflette una tendenza crescente nella Formazione verso la modularità e flessibilità.

- **Linguaggio Comune.** Utilizzo di un linguaggio comune che facilita il mutuo riconoscimento di percorsi formativi tra le parti interessate.

- **Trasferimento delle Competenze.** Il trasferimento di unità capitalizzabili consente a una persona di far valere le competenze acquisite anche quando l'interessato cambia il suo percorso di apprendimento o di specializzazione professionale.

- **Collegamento tra Apprendimento Formale e Non Formale.** Permette di favorire un collegamento migliore tra l'apprendimento formale, non formale e informale.

- **Collegamento tra Mondo del Lavoro e Mondo della Formazione.** L'integrazione con il Ciclo delle Competenze permette di favorire un collegamento migliore tra mondo del lavoro (compiti) e mondo della formazione (risultati dell'apprendimento).

Nella realtà, proprio per tenere conto della indipendenza delle Unità Didattiche, si dovrà accettare un certo grado di "ridondanza", nel senso che i contenuti di una unità didattica serviranno ad acquisire competenze diverse, e le stesse competenze potranno comparire in più unità didattiche. Questo comporta che anche il processo di valutazione delle competenze non può essere sempre effettuato a livello di singola unità didattica ma, in alcuni casi, spostato in avanti nel percorso formativo, a volte alla fine con attività successive (Project Work, Tesi, Tirocini lavorativi, esami finali scritti e orali).

I percorsi formativi a cui è possibile applicare le fasi del processo formativo presentate sono essenzialmente di due tipi:

- **Percorsi Formativi Professionalizzanti**: Percorsi formativi, in genere di media e lunga durata, che forniscono competenze complesse i cui profili professionali in uscita sono riferibili a specifiche professionalità. Gli studenti che completano questi percorsi sono generalmente pronti per entrare direttamente nel mondo del lavoro in ruoli specifici. Questi percorsi possono includere tirocini, project work, e altre esperienze pratiche che permettono agli studenti di applicare le competenze apprese in contesti reali.

- **Percorsi Formativi di Base**: Percorsi formativi, in genere brevi, che forniscono competenze di base, basate su singole tematiche che uno o più professionisti possono possedere e che concorrono alla costituzione delle competenze che i vari profili professionali devono avere. Anche i corsi di aggiornamento, essenziali per i professionisti che vogliono rimanere aggiornati sulle ultime tendenze e innovazioni nel loro campo, rientrano in questa categoria.

Entrambi i tipi di percorsi hanno un ruolo fondamentale nel sistema formativo. Mentre i percorsi orientati alla professionalizzazione forniscono le competenze necessarie per specifiche carriere, i percorsi di base costituiscono lo strumento per un apprendimento costante e duraturo. Quest'ultimo è particolarmente strategico in un contesto lavorativo in costante mutamento, dove le competenze necessarie si evolvono con rapidità.

7.1 Identificazione dei risultati dell'apprendimento

I risultati dell'apprendimento

Può essere utile, a tal proposito, ricordare quanto previsto dagli standard EQF ed ECVET:

Risultati dell'apprendimento (EQF): Descrizione di ciò che una persona conosce, capisce ed è in grado di realizzare al termine di un processo di apprendimento.

I risultati sono definiti in termini di **conoscenze, abilità** e **autonomia e responsabilità**. I risultati dell'apprendimento possono derivare da apprendimenti formali, non formali o informali.

Risultati dell'apprendimento (ECVET): L'indicazione in termini di conoscenze, abilità e competenze di ciò che un beneficiario di una formazione sa, comprende ed è in grado di fare una volta che ha completato un processo di apprendimento (ECVET, Allegato I, definizione b).

Nota: I "risultati dell'apprendimento", nella versione EQF del 2017, non sono più "definiti in termini di conoscenze, abilità e competenze", ma "in termini di conoscenze, abilità e responsabilità e autonomia". Si tratta di una precisazione formale più che sostanziale, in quanto già nel 2008 veniva specificato che "nel contesto del Quadro europeo delle qualifiche le competenze sono descritte in termini di responsabilità e autonomia".

Credito per i risultati dell'apprendimento (credito ECVET): Una serie di risultati dell'apprendimento conseguiti da una persona, che sono stati valutati e che possono essere accumulati in vista di una qualifica, o trasferiti ad altri programmi di apprendimento o altre qualifiche (ECVET, Allegato I, definizione d).

Percorsi Formativi Professionalizzanti

Nel caso di un percorso formativo che permetta di acquisire le competenze necessarie per svolgere i compiti associati a uno specifico profilo professionale, l'insieme delle Unità di apprendimento rappresenta gli esiti dell'apprendimento indispensabili per esercitare la professione delineata dal profilo stesso. È fondamentale partire dal presupposto che il profilo professionale sia stato sviluppato nel rispetto delle fasi 1-4 del Ciclo delle Competenze. In questo scenario, le competenze sono già state definite all'interno del profilo, rendendo l'obiettivo del percorso formativo estremamente chiaro: dotare l'individuo delle competenze necessarie per svolgere il ruolo professionale specificato.

Il titolo del Percorso Formativo dovrebbe, pertanto, identificare in modo univoco e preciso il percorso stesso, includendo un riferimento esplicito alla professione di riferimento.

Nel caso di un percorso formativo di base, è comunque utile individuare gli obiettivi, specificando quali competenze tematiche sono fornite o aggiornate a fine percorso. Nei casi in cui i corsi base costituiscano le singole unità didattiche (o unità capitalizzabili) che concorrono a fornire le competenze in un percorso formativo professionalizzante, potrebbe essere utile assegnare un livello EQF per definire il livello di autonomia acquisito per la competenza presa in considerazione. Infatti, percorsi formativi diversi a volte hanno in comune unità didattiche (materie), ma con un grado di approfondimento differente in funzione del tipo di professionalità acquisita.

Nei fatti questa avviene raramente, in quanto, come già detto, si applica il **principio** qualitativo di prevalenza, per cui il livello EQF complessivo viene assegnato solo alla figura professionale nel suo complesso.

Non è consuetudine fornire il livello EQF per i corsi di aggiornamento, in quanto questi ultimi tendono a essere focalizzati su aree specifiche e possono non coprire l'intera gamma di competenze richieste per un determinato livello EQF.

Sia per i corsi professionalizzanti che per quelli base può essere utile indicare quelli che vengono chiamati i **prerequisiti di ingresso**.

I prerequisiti di ingresso necessari per la frequenza del percorso formativo dovrebbero essere distinti in:

- **Prerequisiti cogenti**: prerequisiti obbligatori che tengono conto della formazione formale (titoli di studio) e della formazione non formale (formazione specifica) o informale (esperienze lavorative o professionali), necessari per accedere al percorso.

- **Prerequisiti consigliati**: Prerequisiti non obbligatori, ma che possono essere utili per una migliore comprensione degli argomenti trattati nel percorso formativo proposto.

- **Nessun prerequisito**: in questo caso il percorso formativo è accessibile a tutti, indipendentemente dalle conoscenze o titoli pregressi.

7.2 Individuazione delle Unità Capitalizzabili

Questa fase riguarda la strutturazione del percorso formativo in unità didattiche o moduli. Ogni unità dovrebbe avere obiettivi specifici e contribuire al raggiungimento degli obiettivi generali del percorso. Ogni unità deve essere definita in termini leggibili e comprensibili, e dovrebbe essere il più possibile "autoportante", nel senso di indipendente dalle altre unità, così come, in linea teorica, i contenuti didattici dovrebbero riferirsi a specifiche competenze.

Percorsi Formativi Professionalizzanti

Nel caso di un percorso formativo il cui obiettivo è quello di far acquisire le competenze per svolgere i compiti associati a uno specifico profilo professionale, l'insieme delle Unità capitalizzabili (unità di apprendimento o unità didattiche) costituiscono i risultati dell'apprendimento necessari a svolgere la professione individuata dal profilo.

Le Unità Capitalizzabili (Unità Didattiche "U.D") dovrebbero essere strutturate in modo tale da rispettare le seguenti caratteristiche:

- essere leggibili e comprensibili, indicando in modo esaustivo il programma didattico;
- risultare, nei limiti del possibile, "autoportanti", nel senso di indipendenti dalle altre unità;
- valutabili;

Durata del corso

L'informazione sulla durata delle singole Unità Didattiche, e di conseguenza dell'intero percorso formativo, dovrebbe permettere di individuare le ore effettive di frequenza e le ore complessive di impegno necessario per ottenere i risultati dell'apprendimento.

Le ore effettive di frequenza sono stabilite dalle Lezioni e dalle attività di Stage, Tirocinio lavorativo o Project Work laddove previsto.

Le ore di impegno complessivo (carico di lavoro) devono tenere conto anche di:

- Esercitazioni, preparazione di elaborati o studio personale
- Preparazione e svolgimento degli esami
- Seminari
- Visite Aziendali

Il carico di lavoro è una stima del tempo che si rende necessario per conseguire i risultati di apprendimento previsti per il percorso formativo. Occorre comunque tener presente che questo numero di ore è da intendersi come tempo medio di apprendimento, e rappresenta un carico di lavoro ritenuto normale per conseguire i risultati di apprendimento, variabile da studente a studente.

Si pone il problema di come stimare l'impegno totale a fronte di attività effettivamente quantificabili, come le lezioni didattiche, lo stage o attività di laboratorio. Si propone di utilizzare, anche per lo standard ECVET (Formazione Non Formale), uno schema simile a quanto usato nello standard ECTS (Formazione Formale).

In ambito universitario, in genere sono questi i parametri utilizzati:

- 1 ora di lezione frontale corrisponde a 3 ore di effettivo impegno individuale
- 1 ora di esercitazione in laboratorio corrisponde a 2 ore di effettivo impegno individuale
- 1 ora di tirocinio lavorativo o stage corrisponde a 2 ore di effettivo impegno individuale

Ad esempio, una materia universitaria che prevede 50 ore di lezione (tra lezioni frontali ed esercitazioni in aula) comporta di norma un impegno totale di 150 ore e un corrispondente di 6 CFU (Crediti Formativi Universitari). Ogni CFU corrisponde a 25 ore di impegno totale).

In realtà, il parametro legato alle lezioni frontali dovrebbe tenere conto del grado di difficoltà incontrata dallo studente nell'apprendere i concetti impartiti all'interno delle lezioni. La cosa non è del tutto semplice, in quanto bisognerebbe analizzare una serie di parametri e variabili non sempre quantificabili oggettivamente. Per ogni Unità Didattica dovremmo, ad esempio, calcolare il tempo stimato per l'apprendimento, la durata complessiva, richieste di approfondimento o di esercitazioni da parte dei docenti, e altro ancora.

Un compromesso potrebbe essere quello di "mediare" tra i vari elementi, ad esempio, una Unità Didattica della durata complessiva di 20 ore potrebbe essere rapportata, in termini di carico complessivo, considerando tre livelli distinti di difficolta:

- Unità Didattica di alta difficoltà: parametro moltiplicatore 3 => 20*3 = 60 ore complessive di impegno;

- Unità Didattica di media difficoltà: parametro moltiplicatore 2 => 20*2 = 40 ore complessive di impegno;

- Unità Didattica di bassa difficoltà: parametro moltiplicatore 1 => 20*1 = 20 ore complessive di impegno.

Come si può notare, il valore più alto del parametro corrisponde a quello che normalmente viene usato nella didattica universitaria basata sul sistema ECTS (apprendimento formale).

Potrebbe essere effettuato un paragone assegnando i parametri alle varie materie di un percorso formativo a seconda del tipo di percorso (base, medio, avanzato), anche se in qualsiasi tipologia di corso ci saranno sempre unità didattiche con un diverso livello di difficoltà di apprendimento.

Per i corsi base o di aggiornamento, è sufficiente indicare il programma didattico che esplicita le conoscenze acquisite alla fine dell'unità.

Nei casi in cui i corsi base costituiscano le singole unità didattiche (o unità capitalizzabili) che concorrono a fornire le competenze in un percorso formativo professionalizzante basato sul sistema ECVET, è consigliabile indicare il numero di crediti associati alla singola unità.

Il numero complessivo di crediti ECVET assegnato all'intero percorso è legato alle ore complessive di impegno (carico di lavoro) necessarie per ottenere i risultati dell'apprendimento previste tutte le U.D.

Questa non è la sede in cui intendo approfondire il concetto di Quality Management, avendolo già fatto in molti dei miei lavori pubblicati, ai quali rimando per ulteriori dettagli. Per chi non fosse familiare con il concetto, suggerisco di approfondire i temi della Qualità, dei Fattori e degli Indicatori per la misurazione della Qualità. A tal proposito, è possibile consultare gli articoli pubblicati nell'area web dedicata al progetto " **Qualità in ambito Turistico, Artistico e dello Spettacolo – Tourism, Arts and Entertainment Quality Improvement (TAEQI)**, raggiungibile al seguente indirizzo web:

https://www.aiptoc.it/tourism-art-and-entertainment-quality-improvement-taeqi/

La qualità della formazione erogata andrebbe valutata utilizzando apposite procedure interne della qualità e questionari di customer Satisfiction da erogare possibilmente in forma anonima.

Dovrebbero essere prese in considerazione, in funzione della complessità e della durata del percorso formativo, uno o più dei seguenti elementi:

- Utilizzo di una procedura che definisce le modalità di monitoraggio della qualità erogata e della somministrazione dei questionari di Customer Satisfaction;

- Utilizzo di una procedura che definisce le modalità di gestione delle Non conformità e delle Azione Correttive;

- Utilizzo di una procedura che definisce i fattori, gli indicatori di qualità e gli standard attesti e le modalità di analisi dei dati raccolti durante le attività di monitoraggio e rilevazione della Qualità;

- Erogazione di un Questionario di soddisfazione erogato per ogni singola unità didattica;

- Erogazione di un Questionario di soddisfazione erogato alla fine del percorso formativo.

7.4 Valutazione dei risultati dell'apprendimento

Può essere utile ricordare la seguente definizione:

Valutazione dei risultati dell'apprendimento (ECVET): I metodi e i processi utilizzati per definire la misura in cui una persona ha effettivamente conseguito una particolare conoscenza, abilità o competenza (ECVET, Allegato I, definizione f).

Per la valutazione dei risultati dell'Apprendimento è opportuno distinguere i casi di:

- Apprendimento Formale: le metodologie e gli attori per i soggetti interessati alla valutazione dell'apprendimento formale sono stabiliti per via legislativa (per esempio Diploma, Laurea, Esami di Stato).

- Apprendimento Non Formale e Informale. La valutazione della formazione specifica (formazione non formale) dovrebbe avvenire comunque utilizzando, possibilmente, strumenti riconoscibili.

Quanto segue si riferisce alla valutazione dei risultati di apprendimento associati alla Formazione Non Formale e Informale.

La valutazione della formazione specifica dovrebbe essere effettuata valutando le Conoscenze, le Abilità e la relativa Autonomia e Responsabilità, e utilizzando, quando possibile, almeno i seguenti elementi di valutazione:

- Esame scritto per la valutazione delle conoscenze
- Project work (o tirocinio lavorativo o stage)
- Esame orale
- Apprendimento Informale

Percorsi Formativi di Base

La valutazione in questi casi è più semplice, e potrebbe essere sufficiente la valutazione delle conoscenze acquisite, eventualmente tramite test finali o compiti scritti.

Dopo aver identificato e valutato i risultati dell'apprendimento, è essenziale riconoscerli ufficialmente. A questo proposito, la seguente definizione risulta pertinente:

Riconoscimento dei risultati dell'apprendimento (ECVET): Il processo in cui sono attestati i risultati dell'apprendimento ufficialmente conseguiti attraverso l'attribuzione di unità o qualifiche (ECVET, Allegato I, definizione h).

In questo passaggio finale del processo è opportuno distinguere i casi di:

- Apprendimento Formale (Certificazione delle competenze)
- Apprendimento Non Formale e Informale (Certificazione di terza parte/Attestazione)

Apprendimento Formale

L'apprendimento formale è, di norma, quello che avviene all'interno del sistema educativo di istruzione e formazione, e culmina con il rilascio di titoli aventi valore legale. Ad esempio: certificati o attestati di qualifica professionale rilasciati dalle Regioni o da enti da esse accreditati; diplomi rilasciati da istituti professionali o altre istituzioni della scuola secondaria di secondo grado; altri titoli rilasciati da istituti di istruzione superiore, come università o istituti AFAM.

L'apprendimento non formale è essenzialmente quello che si verifica a seguito di percorsi formativi svolti al di fuori del sistema educativo di istruzione e formazione. Anche se non rilascia titoli aventi valore legale, può portare all'acquisizione di abilità e competenze professionali. Infatti, molte delle cosiddette "professioni non regolamentate" derivano da percorsi formativi non formali.

Apprendimento Informale

L'apprendimento informale è quello che si verifica attraverso "le esperienze", che possono derivare da attività lavorative, quotidiane familiari, di volontariato o di tempo libero.

Per quanto riguarda l'apprendimento formale rimando a quanto previsto dalla normativa vigente, la quale rimanda alle autorità competenti il processo di certificazione delle competenze.

Nel caso dell'apprendimento non formale e informale, si utilizzano generalmente i seguenti termini:

- **Certificazione di terza parte**: termine utilizzato dagli enti di certificazione del personale accreditati da Accredia. Essi "certificano" le competenze dei professionisti sulla base di specifiche norme UNI, che indicano i requisiti di conoscenze, abilità, autonomia e responsabilità previsti per le specifiche professioni.

- **Attestazione**: in Italia: questo termine è utilizzato per definire il processo di Attestazione di Qualità e Qualificazione Professionale dei Servizi forniti dai professionisti ai sensi della Legge 4/2013. Tale attestazione è rilasciata dalle Associazioni Professionali inserite in un apposito elenco del Ministero delle Imprese e del Made in Italy (ex MISE).

Per l'attestazione del possesso delle competenze si propone di tenere in considerazione metodologie che tengono conto dei seguenti aspetti in modo non mutuamente esclusivo, vale a dire eventualmente in combinazione tra di loro:

- Titoli di studio rilasciati in ambito accademico (Apprendimento Formale)
- Formazione Specifica (Apprendimento Non Formale)
- Esperienza lavorativa o professionale (Apprendimento Informale)

L'esperienza lavorativa o professionale può essere dimostrata attraverso vari strumenti tra cui:

- Curriculum Vitae
- Portfolio professionale
- Collocamento oggettivo sul mercato (premi, riconoscibilità regionale, nazionale o internazionale)
- Pubblicazioni (scientifiche o editoriali)

Il riconoscimento dell'apprendimento informale attraverso l'esperienza lavorativa o professionale è essenziale, poiché molte competenze vengono acquisite sul campo e non attraverso percorsi formativi tradizionali.

Il Titolo di studio, in genere obbligatorio nei casi di apprendimento formale, è certamente preso in considerazione, ma il suo peso tende a diminuire all'aumentare delle competenze acquisite sul campo, poiché queste ultime dimostrano la capacità di un individuo di applicare le sue conoscenze in situazioni reali.

Ecco un esempio relativo alla figura di **Responsabile Sistemi di Gestione Sostenibile degli Eventi,** tratto da uno degli schemi di riferimento utilizzati da AIPTOC - Associazione Italiana Professionisti del Turismo e Operatori Culturali.

Responsabile Sistemi di Gestione Sostenibile degli Eventi

Schema TAECF: SP/TAECF/CP162

Schema di riferimento elaborato in conformità allo standard: SP/TAH-CF: **Standard Professionale (SP)** basato sulle competenze professionali indicate nel **Quadro delle Competenze del Turismo, delle Arti e del Patrimonio Culturale.**

Per lo schema completo rimando all'appendice (Cap. 8); di seguito solo la parte finale:

Per l'attestazione del possesso dei requisiti di competenze, abilità e conoscenze relativi alla professione, si propone di tenere in considerazione metodologie che tengono conto dei seguenti aspetti in modo non mutuamente esclusivo, vale a dire eventualmente in combinazione tra di loro:

- **Titoli di studio** rilasciati in ambito accademico (Apprendimento Formale)
- **Formazione Specifica** (Apprendimento Non Formale)
- **Esperienza lavorativa o professionale** (Apprendimento Informale)

Requisiti di accesso alla figura professionale

- Aver frequentato percorsi formativi specifici per la figura professionale in oggetto, organizzati/riconosciuti da Università, Regioni o da Associazioni di professionisti istituiti ai sensi della legge 4/2013 e riconosciuti dal MISE e almeno sei mesi, anche non continuativi, di comprovata esperienza lavorativa o professionale nel settore di riferimento;

Oppure

- Aver frequentato un percorso di formazione specifica i cui contenuti e le modalità di valutazione siano conformi alla presente scheda, e almeno 6 mesi di esperienza lavorativa o professionale nel settore di riferimento

Oppure

- Aver frequentato un percorso di formazione specifica i cui contenuti sono esplicitati da norme UNI, laddove esistenti, purché coerenti con la competenza in oggetto e almeno 6 mesi di esperienza lavorativa o professionale nel settore di riferimento

Oppure

- Laurea magistrale e almeno un anno, anche non continuativo, di comprovata esperienza lavorativa o professionale nel settore di riferimento

Oppure

- Laurea triennale e almeno due anni, anche non continuativi, di comprovata esperienza lavorativa o professionale nel settore di riferimento

Oppure

- Diploma di scuola secondaria di secondo grado e almeno cinque anni, anche non continuativi, di comprovata esperienza lavorativa o professionale nel settore di riferimento

Oppure

- Almeno 10 anni di comprovata esperienza lavorativa o professionale nel settore di riferimento

Come si può notare, il titolo di studio ha una suo peso, che varia in funzione dell'esperienza sul campo.

8 Approfondimenti

8.1 Tassonomia degli Obiettivi dell'Apprendimento

In campo educativo e didattico, per tassonomia si intende la classificazione sistematica secondo una gerarchia ascendente, che va dalle abilità elementari a quelle più complesse, basata sulla descrizione accurata di comportamenti pedagogici d'insegnamento (Treccani)

Le prime pubblicazioni scientifiche riguardanti studi sulla tassonomia degli obiettivi educativi sono dovute agli studi di Benjamin Bloom, che si proponeva di indicare gli obiettivi che gli educatori dovrebbero definire per i loro studenti. Bloom costruì una classificazione gerarchica degli obiettivi, proponendo un percorso dell'apprendimento basato su un modello della struttura cognitiva della mente e della sua dinamica.

Gli obiettivi sono divisi in sei categorie (livelli funzionali):

* **conoscenza**
* **comprensione**
* **applicazione**
* **analisi**
* **sintesi**
* **valutazione**

Bloom divise tali obiettivi in tre domini:

- **cognitivo**
- **affettivo**
- **psicomotorio**

Nel 1956 Bloom pubblicò il volume "The Taxonomy of Educational Objectives, The Classification of Educational Goals, Handbook I: Cognitive Domain". Il lavoro fu tradotto e pubblicato in lingua italiana nel 1986 con il titolo "Tassonomia degli Obiettivi Educativi. La classificazione delle mete dell'educazione. Volume I. Area Cognitiva". L'Handbook I era il primo di tre volumi della tassonomia, il secondo e il terzo volume riguardavano invece l'indagine delle aree affettiva e psicomotoria dell'apprendimento. La tassonomia originaria (1956) prevedeva 6 categorie ed era orientata ai soli obiettivi cognitivi; nel 2001 fu pubblicato il volume A Taxonomy for Learning, Teaching and Assessing. A Revision of Bloom's Taxonomy of Educational Objectives di Lorin Anderson e David Krathwohl che rivisitava, modificandola, la tassonomia originaria di Bloom.

Struttura della tassonomia di Bloom (1956)

- **Conoscenza.** Riconoscere o ricordare concetti di base, termini e contenuti appresi (si può conoscere senza necessariamente comprendere).
- **Comprensione.** Abilità nel comprendere fatti e idee organizzando, confrontando, traducendo, interpretando, spiegando, dando descrizioni (per comprendere bisogna conoscere).

- **Applicazione.** Abilità nell'utilizzare le conoscenze acquisite e comprese per risolvere un problema, identificare connessioni e relazioni e applicare a nuove situazioni. L'efficacia dell'apprendimento si traduce nel saper applicare correttamente le conoscenze acquisite (per applicare bisogna aver compreso).

- **Analisi.** Abilità nell'esaminare e suddividere le informazioni in elementi, analizzare le relazioni e l'organizzazione tra i vari elementi che costituiscono l'analisi (per analizzare bisogna essere in grado di applicare).

- **Sintesi.** Abilità di costruire una nuova struttura o modello partendo da elementi differenti (per sintetizzare bisogna prima essere in grado di analizzarlo).

- **Valutazione.** Abilità di giudicare, controllare, assegnare e criticare il valore degli elementi sottoposti a valutazione sulla base di una serie di criteri e per uno scopo determinato (per valutare qualcosa bisogna prima essere in grado di sintetizzarlo).

Struttura della tassonomia di Bloom rivisitata (Lorin Anderson e David Krathwohl 2001)

- **Ricordare** (ricordare e richiamare fatti)
- **Comprendere** (capire cosa significano i fatti)
- **Applicare** (applicare: fatti, procedure, regole, concetti e idee)
- **Analizzare** (scomporre le informazioni in concetti base e singole parti

- **Valutare** (giudicare il valore e formulare giudizi su informazioni
  e idee)

- **Creare** (mettere insieme le parti per creare una nuova struttura
  coerente e funzionale)

La struttura rivista da Lorin Anderson (ex allievo di Bloom) e David
Krathwohl, vede la sostituzione dei sostantivi con i verbi; la
"conoscenza" viene sostituita con il verbo "ricordare"; la valutazione
non è più nella posizione più alta del modello; la sintesi viene sostituita
dal verbo "creare" e occupa adesso la posizione apicale.

Inoltre, Anderson e Krathwohl, oltre alla dimensione dei **processi
cognitivi** che corrisponde alle 6 categorie precedentemente usate da
Bloom, introducono la dimensione della Conoscenza, rappresentata da
una griglia dove essa viene suddivisa per tipologia (fattuale, concettuale,
procedurale, metacognitiva) e relazionata con i diversi livelli di
apprendimento.

Tassonomia rivisitata di Bloom (Lorin Anderson e David Krathwohl 2001)

		Dimensioni del processo psicologico-cognitivo					
		Ricordare	Comprendere	Applicare	Analizzare	Valutare	Creare
Dimensioni della conoscenza	Fattuale						
	Concettuale						
	Procedurale						
	Metacognitiva						

Anderson e Krathwohl suddividono le 6 categorie in 19 sottocategorie (processi cognitivi).

Le abilità dell'allievo sono, in sostanza, l'esito dell'applicazione di questi processi cognitivi a determinati contenuti, ad esempio: Eseguire... (una procedura), Pianificare... (una specifica attività lavorativa).

Consideriamo adesso alcune tabelle: ognuna di esse si riferisce a una delle sei categorie della tassonomia rivisitata di Bloom. Ogni categoria (livello funzionale) è rappresentata da un verbo, che è a sua volta caratterizzato da sottocategorie (sostanzialmente anche esse dei verbi). Vengono inoltre indicati un insieme di ulteriori verbi utilizzati come sinonimi e alcuni esempi di chiarimento.

Categoria: Ricordare (ricordare e richiamare fatti dalla memoria)

Sotto Categoria	Verbi generalmente usati come sinonimi	Esempi
Riconoscere	Identificare, Nominare, Definire, Individuare, Consultare	Riconoscere un quadrato perché tale figura l'abbiamo già vista è ci stato detto che si chiama "quadrato"
Richiamare/Rievocare)	Recitare, Citare, Acquisire, Ripetere, Elencare	Recitare una poesia, Citare la data in cui fu scoperta l'America e chi fu lo scopritore

Comprendere (capire cosa significano i fatti)

Sotto Categoria	Verbi generalmente usati come sinonimi	Esempi
Interpretare	Rappresentare, Descrivere, Esporre, Riformulare, Riscrivere	Riformulare con proprie parole un testo
Esemplificare	Istanziare	Trovare un esempio che descrive lo stesso concetto
Classificare	Catalogare, Inquadrare, Ordinare, Sistemare, Stabilire	Ordinare una sequenza numerica in base ad un criterio specificato Classificare, assegnando la categoria corretta alcuni oggetti in base a criteri specificati
Riassumere	Generalizzare, Sintetizzare, Ricapitolare, Riepilogare	Realizzare un abstract di un articolo di giornale Assegnare un titolo riassuntivo
Inferire	Ricavare, Concludere, Estrapolare, Evincere, Valutare, Distinguere	Dedurre il significato di una massima Trovare regole che accomunano elementi diversi
Confrontare	Comparare, Paragonare, Raffrontare, Abbinare, Accoppiare, Rilevare, Stabilire	Trovare gli elementi comuni tra due immagini diverse Trovare le corrispondenze tra elementi diverse
Spiegare	Dimostrare, Dedurre, Definire, Illustrare, Precisare	

Applicare (applicare: fatti, procedure, regole, concetti e idee)

Sotto Categoria	Verbi generalmente usati come sinonimi	Esempi
Eseguire	Calcolare, Attuare, Adempiere, Espletare, Utilizzare	Eseguire una procedura Eseguire un calcolo
Implementare	Realizzare, Sviluppare, Costruire, Intervenire, Attuare	Costruire un manufatto in base a modelli prestabiliti Sviluppare un programma software in base a requisiti specificati

Analizzare (scomporre le informazioni in concetti base e singole parti

Sotto Categoria	Verbi generalmente usati come sinonimi	Esempi
Differenziare	Distinguere, Scindere, Discriminare, Cogliere, Differire, Separare, Variare	Separare gli elementi principali da quelli secondari Distinguere fatti da opinioni
Organizzare	Predisporre, Delineare Sistemare, Programmare, Mantenere, Supervisionare, Decidere	Organizzare un evento Predisporre una procedura operativa Delineare delle linee guida operative
Attribuire	Stanziare, Affidare, Erogare, Destinare, Migliorare, Favorire	Descrivere punti di vista Attribuire significati in modo autonomo Attribuire compiti e ruoli Destinare risorse

Valutare (giudicare il valore e formulare giudizi su informazioni e idee)

Sotto Categoria	Verbi generalmente usati come sinonimi	Esempi
Verificare	Accertare, Esaminare, Stabilire, Controllare, Determinare, Ispezionare, Osservare, Vagliare, Monitorare, Appurare	Controllare la corretta esecuzione di una procedura Stabilire la corretta sequenza di elementi Individuare gli errori procedurali di una attività lavorativa
Criticare	Giudicare, Convalidare, Orientare	Assegnare una valutazione ad un compito Verificare la congruenza dei risultati con gli obiettivi di partenza

Creare (mettere insieme le parti per creare una nuova struttura coerente e funzionale)

Sotto Categoria	Verbi generalmente usati come sinonimi	Esempi
Generare	Realizzare, Immaginare, Ideare, Predire	Ideare un progetto
Pianificare	Elaborare, Progettare, Ideare, Tracciare, Stabilire, Proporre	Elaborare un Progetto originale
Produrre	Costruire, Innovare	Produrre una poesia o una canzone personale

Una ulteriore rivisitazione della Tassonomia di Bloom si deve ad Andrew Churchs (2008) che tiene conto, nella sua rivisitazione, dell'utilizzo delle tecnologie digitali.

8.2 Il Quadro TAH-CF nella versione 3.0

Il Quadro (Framework) di riferimento delle competenze richieste e applicate nel settore Turistico, delle Arti e del Patrimonio Culturale, denominato **Tourism, Arts, Heritage Competence Framework (TAH-CF)**, è composto da competenze richieste, con particolare riferimento alle professioni intellettuali e di elevata specializzazione nei settori presi a riferimento.

Il TAH-CF è stato implementato in conformità al Quadro Europeo delle Qualifiche (European Qualification Framework – EQF) e alla Raccomandazione 2009/C 155/02 (Sistema europeo di crediti per l'istruzione e la formazione professionale - ECVET).

Lo schema prende spunto, almeno per alcune parti, dai seguenti schemi e documenti:

- Schema APNR (Attività Professionali Non Regolamentate) adottato dall'UNI per la normazione tecnica in ambito APNR
- Guida CEN 14 "Linee guida di indirizzo per le attività di normazione sulla qualificazione delle professioni e del personale.

In relazione a quanto indicato dalle linee Guida CEN 14 che individua tre approcci metodologici:

- approccio focalizzato sulla competenza
- approccio focalizzato sui compiti
- approccio focalizzato sulla valutazione

Lo schema di riferimento SP/TAH-CF tiene in considerazione tutti gli elementi appena citati. Le competenze e le relative abilità e conoscenze sono definiti a partire dai compiti principali associati al profilo professionale.

Con la versione 3.0 attivo dal 1/11/2023, lo schema di riferimento non è più costituito dal modello delle "4 Dimensioni delle Competenze", ma dal "Ciclo delle Competenze" oggetto del presente lavoro.

Al Quadro TAH-CF sono associati due standard di riferimento correlati:

- **SP/TAH-CF**: Si tratta dello Standard Professionale (SP), utilizzato per creare o ridefinire profili professionali basati sul quadro TAH-CF e applicabile alle professioni non regolamentate nei settori turistico, delle Arti e dello Spettacolo, e del Patrimonio Culturale. Benché focalizzato su questi ambiti, lo schema, almeno nelle sue linee guida di base, può essere utilizzato anche per altre professioni.

- **SF/TAH-CF**: Questo è lo Standard Formativo (SF), impiegato per descrivere percorsi formativi basati sul quadro TAH-CF, ma che può essere applicato a qualsiasi percorso formativo relativo ad Apprendimenti Formali e Non Formali.

Il Quadro TAH-CF è in continua evoluzione, e una sua versione aggiornata è visualizzabile al seguente indirizzo web a cui rimando per i dettagli:

https://www.turismoartiespettacolo.it/quadro-delle-competenze-del-turismo-delle-arti-e-del-patrimonio-culturale/

8.3 Nuove professioni: Professionisti delle Esperienze

Il fenomeno della "Transizione Esperienziale" pone la necessità di sviluppare nuove professionalità per gestire il cambiamento innescato dall'emergente economia delle esperienze. Le nuove figure professionali possono essere categorizzate in base al tipo di approccio e alle competenze necessarie per svolgere le loro attività professionali.

1) Approccio Prevalentemente Aziendale

- **Specialista delle Offerte Esperienziali** (approccio aziendale): Professionista già operante nel proprio settore di competenza, con specializzazione in Offerte Esperienziali. Livello EQF: 4

- **Responsabile delle Esperienze** (approccio aziendale): Professionista che, generalmente all'interno dell'azienda, gestisce integralmente le Offerte Esperienziali, occupandosi di tutti i suoi aspetti, sia operativi che gestionali. Livello EQF: 5

- **Consulente Esperienziale** (approccio orientato alle aziende): Professionista che, solitamente operando esternamente all'azienda, fornisce consulenza per la creazione di offerte esperienziali e per l'ottenimento del Marchio di Qualità Esperienziale ®. Livello EQF: 6

2) Approccio Prevalentemente rivolto al Patrimonio Culturale

- **Manager del Turismo Esperienziale** (Livello EQF: 7)

3) Approccio rivolto alla Formazione

- **Formatore Esperienziale** (Livello EQF: da 5 a 7)

Tratto dallo schema SP/TAH-CF/PST34 Ver. 1.3

Livello EQF: Quarto livello EQF

La professione

Lo Specialista delle Esperienze è una figura professionale che possiede competenze per svolgere attività di supporto specialistico nella progettazione, conduzione e valutazione di Offerte Esperienziali in diversi settori in cui sono possibili eventi a carattere esperienziale. Questa figura ha una conoscenza approfondita dei principi esperienziali e delle caratteristiche delle offerte esperienziali.

Lo Specialista delle Esperienze opera di norma nella qualità di dipendente o collaboratore all'interno di organizzazioni che erogano offerte esperienziali.

Al fine di tenere conto delle diverse specializzazioni legate ai diversi settori a cui sono applicabili le offerte esperienziali, vengono prese in considerazione le diverse attività indicate nel <u>Repertorio delle Attività Esperienziali</u>.

Note:

1. È considerato Specialista delle Esperienze il professionista che ha la preparazione per svolgere le attività associate a qualsiasi settore in cui vengono proposte offerte esperienziali.

2. Le diverse specializzazioni non sono da considerarsi distinte in senso assoluto o incompatibili tra di loro, in quanto si diversificano unicamente per alcuni aspetti operativi e settoriali.

3. Si presuppone che le varie figure specialistiche abbiano una adeguata conoscenza del settore in cui intendono operare.

Compiti fondamentali e attività specifiche

- T1: Fornire Supporto specialistico per la progettazione delle offerte esperienziali
- T2: Fornire Supporto specialistico per la gestione delle offerte esperienziali
- T3: Fornire Supporto specialistico per la valutazione e il miglioramento della qualità dell'evento esperienziale

Per una descrizione dettagliata dello schema, comprese le abilità e le conoscenze previste, nonché i criteri di valutazione del profilo, rimando allo schema aggiornato, consultabile al seguente indirizzo web:

https://www.itinerariesperienziali.it/specialista-delle-esperienze-pst34-requisiti/

Tratto dallo schema SP/TAH-CF/PST1 Ver. 1.4

Livello EQF: Quinto livello EQF

La professione

Il Responsabile delle Esperienze è una figura professionale, ad alto contenuto Specialistico, che possiede competenze specifiche per svolgere attività di: Progettazione, Realizzazione e Gestione di Eventi Esperienziali nei diversi settori di riferimento, per cui sono possibili realizzare eventi a carattere esperienziale.

Il Responsabile delle Esperienze ha una profonda conoscenza delle tecniche e delle metodologie utilizzate in ambito esperienziale e del settore di riferimento a cui si riferiscono le offerte esperienziali.

Il Responsabile delle Esperienze può svolgere le attività sia per conto proprio (lavoro autonomo) in qualità di consulente, sia per altre parti interessate in qualità di Responsabile della Gestione degli Eventi Esperienziali.

Al fine di tenere conto delle diverse specializzazioni legate ai diversi settori a cui sono applicabili le offerte esperienziali, vengono prese in considerazione le diverse attività indicate nel Repertorio delle Attività Esperienziali.

Note:

1. È considerato Responsabile delle Esperienze il professionista che ha la preparazione per svolgere le attività associate a qualsiasi settore in cui vengono proposte offerte esperienziali.

2. Le diverse specializzazioni non sono da considerarsi distinte in senso assoluto o incompatibili tra di loro, in quanto si diversificano unicamente per alcuni aspetti operativi e settoriali.

3. Si presuppone che le varie figure specialistiche abbiano una adeguata conoscenza del settore in cui intendono operare.

Compiti fondamentali e attività specifiche

- T1: Valutare i bisogni e le aspettative del fruitore delle esperienze

- T2: Analizzare il Contesto di riferimento

- T3: Progettare il Sistema di Gestione degli Eventi Esperienziali (SGEE)

- T4: Gestire e manutenere il Sistema di Gestione degli Eventi Esperienziali (SGEE)

  - Attività: T4.1: Pianificare le attività dal punto di vista qualitativo e operativo

  - Attività: T4.2: Definire le procedure e i regolamenti interni

  - Attività: T4.3: Coordinare le risorse umane (staff)

  - Attività: T4.4: Garantire la corretta esecuzione dell'evento esperienziale

  - Attività: T4.5: Monitorare la qualità dell'evento esperienziale

  - Attività: T4.6: Migliorare l'evento esperienziale

Per una descrizione dettagliata dello schema, comprese le abilità e le conoscenze previste, nonché i criteri di valutazione del profilo, rimando allo schema aggiornato, consultabile al seguente indirizzo web:

https://www.itinerariesperienziali.it/responsabile-delle-esperienze/

Tratto dallo schema SP/TAH-CF/PST32 Ver. 1.2

Livello EQF: Sesto livello EQF

La professione

Il Consulente Esperienziale è una figura professionale ad alto contenuto Specialistico, che possiede competenze specifiche per svolgere attività di:

- Analisi dei servizi erogati e del contesto di riferimento
- Valutazione dell'applicabilità dei Fattori di Qualità Esperienziale
- Trasformazione dei servizi in Offerte esperienziali
- Documentazione delle Offerte Esperienziali
- Valutazione della Qualità delle Offerte Esperienziali
- Miglioramento della Qualità delle Offerte Esperienziali

Il Consulente Esperienziale svolge di norma le attività in qualità di Esperto/Consulente nei diversi settori di riferimento. In base al tipo di approfondimento delle conoscenze, può operare nelle seguenti aree specialistiche:

- **Area turistica: Consulente per il Turismo Esperienziale**
- **Area commerciale: Consulente per il Marketing Esperienziale**

Al fine di tenere conto delle diverse specializzazioni legate ai diversi settori a cui sono applicabili le offerte esperienziali, vengono prese in considerazione le diverse attività indicate nel Repertorio delle Attività Esperienziali.

Note:

1. È considerato Consulente Esperienziale il professionista che ha la preparazione per svolgere le attività associate a qualsiasi settore in cui vengono proposte offerte esperienziali.

2. Le diverse specializzazioni non sono da considerarsi distinte in senso assoluto o incompatibili tra di loro, in quanto si diversificano unicamente per alcuni aspetti operativi e settoriali.

3. Si presuppone che le varie figure specialistiche abbiano una adeguata conoscenza del settore in cui intendono operare.

Compiti fondamentali e attività specifiche

- T1: Analizzare il Contesto di riferimento
- T2: Valutare l'applicazione dei Fattori di Qualità Esperienziale e trasformare i servizi in Offerte Esperienziali
- T3: Documentare Le Offerte Esperienziali
- T4: Valutazione della Qualità delle Offerte Esperienziali

Per una descrizione dettagliata dello schema, comprese le Abilità e Conoscenze previste, nonché i criteri di valutazione del profilo, rimando allo schema aggiornato, consultabile al seguente indirizzo web:

https://www.itinerariesperienziali.it/consulente-per-la-qualita-esperienziale-pst32-requisiti/

Tratto dallo schema SP/TAH-CF/PTUMN3 (Versione 1.1)

Livello EQF: Settimo livello EQF

La professione

Il Manager del Turismo Esperienziale è una figura professionale ad alto contenuto intellettuale, che possiede competenze specifiche per svolgere attività di: Ideazione, Progettazione, Comunicazione, Realizzazione, Miglioramento e Innovazione inerenti alle offerte esperienziali.

Il Manager del Turismo Esperienziale ha una profonda conoscenza del Patrimonio Culturale (materiale e immateriale), del concetto stesso di offerta esperienziale e delle conoscenze necessarie per ideare, progettare, realizzare e gestire, anche in proprio, una offerta esperienziale. Riesce a conciliare la conoscenza del Turismo Culturale, e in particolare di quello Esperienziale, con percorsi specifici di esperienze uniche, basate sulle relazioni umane, che permettono di approfondire la conoscenza di elementi di identità locali, nonché di acquisire esperienze multisensoriali, anche attraverso la partecipazione diretta nelle attività che costituiscono l'offerta esperienziale stessa.

Il Manager del Turismo Esperienziale può svolgere le attività sia per conto proprio (lavoro autonomo), sia per altre parti interessate in qualità di Esperto/Consulente.

Al fine di tenere conto delle diverse specializzazioni operanti nel settore esperienziale, e della corretta assegnazione delle abilità, conoscenze e competenza, vengono prese in considerazione quattro profili specialistici necessari all'esercizio della professione di Operatore Esperienziale:

- **Profilo P1: Area Naturalistica**
- **Profilo P2: Area Enogastronomica**
- **Profilo P3: Area Artistica** (comprendente anche il settore legato al turismo del Made in Italy - Artigianato Artistico)
- **Profilo P4: Area Immateriale e Demoetnoantropologica** (comprendente il turismo relativo al settore del Patrimonio Culturale Immateriale – che comprende al suo interno anche il Patrimonio Demoetnoantropologico - e tutte le forme di turismo culturale ed emozionale non considerati nei profili P1, P2, P3).

Note:

1. È considerato Manager del Turismo Esperienziale il professionista che ha la preparazione per svolgere le attività associate ad almeno uno dei quattro profili indicati.
2. I quattro profili non sono da considerarsi distinti in senso assoluto o incompatibili tra di loro, in quanto si diversificano unicamente per alcuni aspetti operativi e settoriali.
3. Un Manager del Turismo Esperienziale opera in una o più delle aree indicate.
4. I professionisti appartenenti al Profilo P3 di norma sono Artisti e Artigiani Artisti che intendono valorizzare e promuovere la loro arte attraverso le esperienze. Si presuppone che tali figure abbiano già il bagaglio di conoscenze, abilità e competenze necessarie per svolgere la professione nel settore artistico e/o dell'Artigianato artistico.

Compiti fondamentali e attività specifiche

Nell'assegnazione dei compiti è stata effettuata la seguente distinzione:

- **Compiti fondamentali**: compiti indispensabili per tutti i profili specialistici
- **Compiti facoltativi:** compiti aggiuntivi ai fondamentali che sono a discrezione del singolo Operatore Esperienziale

I singoli compiti possono essere eventualmente descritti da un insieme di attività specifiche a essi associati.

Di seguito vengono elencati i compiti e le attività specifiche associando, per ogni compito o attività specifica, i requisiti di conoscenze, abilità e competenze.

Compiti fondamentali e attività specifiche per tutti i profili specialistici

- T1: Valutare i bisogni e le aspettative turistiche (domanda turistica)
- T2: Analizzare il Contesto dell'offerta turistica
    - o T2.1 Individuare e Analizzare la normativa di settore
    - o T2.2 Individuare e Analizzare gli stakeholders (chi sono le parti interessate: interne/esterne)
    - o T3.3 Individuare e Analizzare le attrazioni (Patrimonio Turistico)
- T3: Analizzare costi e benefici ed effettuare l'analisi dei rischi (Risk Management)
- T4: Progettare l'offerta turistica esperienziale
- T5: Comunicare l'offerta turistica esperienziale
- T6: Realizzare l'offerta esperienziale

- o T6.1: Pianificare le attività dal punto di vista qualitativo e operativo
- o T6.2: Definire le procedure e i regolamenti interni
- o T6.3: Gestire le risorse economiche (budget)
- o T6.4: Coordinare le risorse umane (staff)
- o T6.5: Garantire la corretta esecuzione dell'offerta esperienziale
- o T6.6: Verificare e controllare la conformità alla normativa vigente applicabile
- o T6.7: Monitorare la qualità dell'offerta turistica
- T7: Migliorare l'offerta turistica (miglioramento continuo)
- T8: Valutare le offerte esperienziali
- T9: Innovare le offerte esperienziali

Compiti facoltativi per tutti i profili specialistici

- T10: Realizzare, Curare eventi espositivi esperienziali
- T11: Effettuare Formazione in materia di Turismo Esperienziale
- T12: Interfacciarsi in lingua straniera in funzione del target territoriale di riferimento dei propri clienti.

Per una descrizione dettagliata dello schema, comprese le Abilità e Conoscenze previste, nonché i criteri di valutazione del profilo, rimando allo schema aggiornato, consultabile al seguente indirizzo web:

https://www.itinerariesperienziali.it/regista-di-esperienze-manager-del-turismo-esperienziale-ptumn3-requisiti/

Tratto dallo schema SP/TAH-CF/PPC14 (Versione 1.3)

Livello EQF: Settimo livello EQF

La professione

L'Interprete del Patrimonio è una figura professionale ad alto contenuto intellettuale che possiede competenze specifiche per svolgere attività di:

- Ideazione, Progettazione, Realizzazione, Partecipazione, Comunicazione, Valutazione, Miglioramento e Innovazione inerenti ai Servizi Interpretativi (interpretazione mediata) e ai percorsi di Esperienze di Interpretazione (interpretazione diretta)
- Individuazione, Catalogazione, Conoscenza, Interpretazione, Documentazione, Conservazione, Tutela, Valorizzazione, inerenti al Patrimonio Culturale.

L'Interprete del Patrimonio ha una profonda conoscenza del proprio territorio e del patrimonio culturale nelle sue varie forme, da quello materiale (beni culturali storico-artistico, beni paesaggistici e naturali) a quello immateriale (tradizione, folklore, arte, enogastronomia, artigianato tipico, storia e tradizioni locali), al fine di individuare e predisporre, in modo sistemico, sia servizi interpretativi, sia percorsi unici di esperienze di interpretazione culturale. L'interprete del Patrimonio Culturale inoltre adotta un approccio sistemico che mette in risalto, durante l'intero percorso interpretativo, aspetti tipici dell'apprendimento esperienziale: motivazione, relazioni interpersonali, multi-sensorialità, identità locali, centralità e unicità dei partecipanti e originalità degli strumenti utilizzati.

Nota:

- **Servizi di Interpretazione (interpretazione mediata):**
Realizzazione degli strumenti e dei servizi di comunicazione (cartelli,
segnaletica, mappe, opuscoli illustrativi, guide, volantini, produzioni e
postazioni multimediali, allestimenti, siti web, app, ecc.) e
progettazione dei Percorsi di Interpretazione e dei Piani di Sviluppo
Locali basati sull'Interpretazione

- **Percorsi di Esperienza di Interpretazione (interpretazione
diretta):** Iniziative che prevedono la partecipazione diretta sia degli
interpreti, sia degli ospiti nelle attività interpretative.

Al fine di tenere conto delle diverse specializzazioni operanti nel settore
dell'interpretazione e della corretta assegnazione delle abilità, conoscenze e
competenza, vengono presi in considerazione quattro profili specialistici ai
fini dell'esercizio della professione di Interprete del Patrimonio Culturale
(Heritage Interpreter):

- **PPC14/P1: Interprete del Patrimonio Archeologico**
- **PPC14/P2: Interprete del Patrimonio Storico - Artistico**
- **PPC14/P3: Interprete del Patrimonio Demoetnoantropologico**
- **PPC14/P4: Interprete del Patrimonio Ambientale**

Note:

1. La differenza tra le varie forme di Interpretazione del Patrimonio
   Culturale è legata esclusivamente al grado di specializzazione settoriale
   e agli strumenti utilizzati durante l'intero percorso di interpretazione,
   in quanto ogni Interprete deve comunque avere una robusta
   conoscenza e competenze in tutti i settori. Pertanto, non esisteranno

distinte professionalità, ma un'unica professionalità (Interprete del Patrimonio Culturale) specializzata in uno o più settori che hanno attinenza con il Patrimonio Culturale nel senso più ampio del termine.

2. È considerato Interprete del Patrimonio Culturale il professionista che ha la preparazione per svolgere le attività associate ad almeno uno dei cinque profili indicati.

3. Un Interprete del Patrimonio Culturale opera in una o più delle aree indicate.

L'Interprete del Patrimonio può essere un dipendente o un lavoratore autonomo che fornisce le sue prestazioni a Centri specializzati, Musei, Ecomusei, Enti locali, Associazioni culturali, Enti gestori del Patrimonio Culturale. La sua attività può svolgersi sia in ambienti chiusi (aule, laboratori, musei ed ecomusei), sia all'aperto, a contatto diretto con i luoghi di interesse, per lo svolgimento dell'esperienza di interpretazione culturale.

Compiti fondamentali e attività specifiche

Nell'assegnazione dei compiti è stata effettuata la seguente distinzione:

- **Compiti fondamentali**: compiti indispensabili per la figura professionale
- **Compiti facoltativi**: compiti aggiuntivi ai fondamentali, che sono a discrezione del singolo professionista.

I singoli compiti possono essere eventualmente descritti da un insieme di attività specifiche a essi associati.

Di seguito vengono elencati i compiti e le attività specifiche associando, per ogni compito o attività specifica, i requisiti di conoscenze, abilità e autonomia e responsabilità (competenze).

Compiti fondamentali e attività specifiche per tutti i profili specialistici

- T1: Effettuare attività di studio, ricerca e analisi nell'ambito dell'Interpretazione del Patrimonio e nelle discipline affini e collegate

- T2: Individuare, catalogare, analizzare, interpretare e documentare il Patrimonio Culturale

- T3: Analizzare il Contesto di riferimento

- T4: Valutare i bisogni e le aspettative dell'utenza reale e potenziale per il settore di riferimento

- T5: Individuare scopo, obiettivi e tipologia dell'interpretazione del percorso di esperienza di interpretazione del Patrimonio (caratteristiche del servizio)

- T6: Progettare e realizzare percorsi di Esperienza di Interpretazione del Patrimonio Culturale (interpretazione diretta)

- T7: Progettare e realizzare Servizi Interpretativi del Patrimonio Culturale (interpretazione mediata)

- T8: Comunicare

- T9 Monitorare e valutare

- T10: Migliorare (miglioramento continuo)

- T11: Realizzare, Curare eventi espositivi su tematiche culturali

Compiti facoltativi

- T12: Interfacciarsi in lingua straniera in funzione del target territoriale di riferimento dei propri utenti

Le competenze del compito T12 possono essere messe a disposizione anche da altri componenti del team incaricato di svolgere il percorso di esperienza interpretativa, laddove la richiesta dell'utenza lo preveda.

Per una descrizione dettagliata dello schema, comprese le Abilità e Conoscenze previste, nonché i criteri di valutazione del profilo, rimando allo schema aggiornato, consultabile al seguente indirizzo web:

https://www.itinerariesperienziali.it/interprete-del-patrimonio-culturale-heritage-interpreter-ppc14-requisiti/

Formatore Esperienziale

Livello EQF: V-VII livello EQF

La professione

Il Formatore Esperienziale è una figura professionale in grado di erogare servizi formativi in ambito esperienziale.

Il Formatore Esperienziale ha una profonda conoscenza delle materie oggetto dei servizi formativi erogati.

Compiti fondamentali e attività specifiche

- T1: Valutare i bisogni formativi e le aspettative dell'utenza per il settore di riferimento
- T2: Individuare scopo, obiettivi e tipologia del servizio formativo (caratteristiche del servizio)
- T3: Erogare il servizio formativo
- T4: Valutare il Servizio Formativo
- T5: Progettare il servizio formativo
- T6: Migliorare l'offerta formativa (miglioramento continuo)
- T7: Comunicare il servizio formativo
- T8: Effettuare attività di studio nell'ambito delle esperienze e nelle discipline affini e collegate

La figura del Formatore Esperienziale può essere articolata in tre diversi profili:

- Formatore Junior: Formatore con le competenze necessarie per erogare contenuti formativi in ambito esperienziale.

- Formatore Senior: Formatore con le competenze necessarie per progettare ed erogare contenuti formativi in ambito esperienziale

- Formatore Expert: Formatore con le competenze necessarie per progettare, erogare contenuti formativi ed effettuare attività di studio e ricerca in ambito esperienziale.

Il Livello EQF dipende dal profilo:

Formatore Junior (V livello EQF): Possiede le competenze necessarie per svolgere i compiti T1, T2, T3, T4

Formatore Senior (VI livello EQF): Possiede le competenze necessarie per svolgere i compiti T1, T2, T3, T4, T5, T6, T7

Formatore Expert (VII livello EQF): Possiede le competenze necessarie per svolgere i compiti T1, T2, T3, T4, T5, T6, T7, T8

Per una descrizione dettagliata dello schema e i criteri di valutazione del profilo rimando allo schema aggiornato, consultabile al seguente indirizzo web:

https://www.itinerariesperienziali.it/formatore-delle-esperienze-requisiti/

8.4 Ulteriori Profili Professionali

Guida Naturalistica

Un esempio di profilo professionale in cui è possibile individuare le abilità e conoscenze associate alla figura professionale di Guida Naturalistica (Guida Ambientale Escursionistica).

1. Titolo

Guida Naturalistica (Guida Ambientale Escursionistica)

2. Livello EQF

Quinto livello EQF

3. Codice

PTU21

4. Descrizione

La Guida Naturalistica (Guida Ambientale Escursionistica) è una figura professionale ad alto contenuto intellettuale e specialistico, in grado di accompagnare persone singole o gruppi in ambienti di interesse naturale, illustrandone gli aspetti naturalistici, antropologici e culturali del territorio con connotazioni scientifico-culturali.

La Guida naturalistica possiede competenze specifiche per svolgere attività di:

- Ideazione, Progettazione, Organizzazione, Comunicazione, Realizzazione e Miglioramento inerenti alle offerte associate a itinerari di interesse naturalistico e ambientale.

- Supporto a eventuale attività di didattica e educazione ambientale, educazione alla sostenibilità e Consulenza in materie naturalistiche e ambientali.

Note: Sono escluse dall'ambito professionale della Guida naturalistica tutte le attività e i percorsi che richiedano comunque l'uso di attrezzature e di tecniche alpinistiche.

La Guida Naturalistica ha una profonda conoscenza del proprio territorio con particolare riferimento agli aspetti naturali e ambientali, al fine di individuare e predisporre gli itinerari di interesse naturalistico e ambientali, organizzando e realizzando le escursioni in massima sicurezza e con adeguato equipaggiamento degli escursionisti.

La Guida Naturalistica riesce a conciliare la conoscenza del Patrimonio Culturale del proprio territorio con percorsi naturalistici e ambientali, anche al fine di approfondire la conoscenza di elementi di identità locali non solo dal punto di vista naturalistico, ma anche antropico, storico e culturale.

La Guida Naturalistica (Guida Ambientale Escursionistica) può svolgere le attività sia per conto proprio (lavoro autonomo) sia per altre parti interessate in qualità di Esperto/Consulente.

5. Normativa di riferimento

- Quadro Europeo delle Qualifiche (European Qualification Framework – EQF)
- Raccomandazione 2009/C 155/02 (Sistema europeo di crediti per l'istruzione e la formazione professionale -ECVET)
- Legge 4/2013 relative alle professioni non regolamentate

Nota: In questa sede non vengono prese in considerazioni compiti e attività di tipo specialistico che potrebbero rientrare in altri profili professionali definibili "limitrofi" a quella della Guida Naturalistica, e interessare altri settori (cicloturismo, equiturismo, turismo acquatico, subacqueo, speleologico, ecc.) o essere considerate specializzazioni "integrative" quali Educatore Ambientale o Interprete Naturalistico.

Nell'assegnazione dei compiti è stata effettuata la seguente distinzione:

- **Compiti fondamentali**: compiti indispensabili per la figura professionale
- **Compiti facoltativi**: compiti aggiuntivi ai fondamentali, che sono a discrezione della singola Guida naturalistica

I singoli compiti possono essere eventualmente descritti da un insieme di attività specifiche a essi associati.

Di seguito vengono elencati i compiti e le attività specifiche, associando per ogni compito o attività specifica i requisiti di conoscenze, abilità e competenze.

Compiti fondamentali e attività specifiche

- T1: Valutare i bisogni e le aspettative dell'utenza per il settore di riferimento (domanda)
- T2: Individuare scopo, obiettivi e tipologia dell'offerta (Es: percorsi naturalistici classici, percorsi didattici, percorsi tematici ambientali, ecc.)
- T3: Analizzare il Contesto di riferimento
    - 1 Individuare e Analizzare la normativa di settore
    - 2 Individuare e Analizzare gli stakeholders (chi sono le parti interessate: interne/esterne)

- 3 Individuare e Analizzare le attrazioni (Patrimonio Culturale, Naturale e Ambientale)

- T4: Progettare l'Offerta
- T5: Comunicare l'offerta
- T6: Realizzare l'offerta

    - 1: Pianificare le attività dal punto di vista qualitativo, operativo e della prevenzione dei rischi
    - 2: Definire procedure e regolamenti interni
    - 3: Gestire le risorse economiche (budget)
    - 4: Gestire le risorse umane (staff)
    - 5: Guidare in sicurezza il gruppo lungo l'itinerario prestabilito
    - 6: Garantire il corretto svolgimento delle escursioni
    - 7: Supportare eventuali attività di Educazione Ambientale
    - 8: Verificare e controllare il rispetto della normativa vigente applicabile
    - 9: Monitorare la qualità del servizio

- T7: Migliorare l'offerta (miglioramento continuo)

Compiti facoltativi

- T8: Effettuare in prima persona interventi di primo soccorso in caso di incidenti o malore
- T9: Interfacciarsi in lingua straniera in funzione del target territoriale di riferimento dei propri clienti

Nota: L'aspetto facoltativo T8 è legato alla presenza, nel team di accompagnatori dell'escursione, di una figura in possesso delle competenze per effettuare interventi di primo soccorso in caso di incidenti o malore (competenze dimostrate dal possesso del certificato rilasciato a seguito della frequenza di un corso di primo soccorso BLS erogato da enti autorizzati). Nel caso in cui la Guida Naturalistica sia l'unico componente del team di accompagnatori, il compito T8 diventa obbligatorio.

La competenza del compito T9 può essere messa a disposizione anche da altri componenti del team di accompagnatori, laddove la richiesta dell'utenza lo preveda.

7. Competenze, Abilità e Conoscenze

Di seguito vengono elencati i compiti e le attività specifiche, associando per ogni compito o attività specifica i requisiti di conoscenze, abilità e competenze. Verrà infine indicata una matrice di correlazione riassuntiva al fine di fornire una rappresentazione sintetica e complessiva di quanto esposto.

Compito T1: Valutare i bisogni e le aspettative dell'utenza per il settore di riferimento (domanda)

Abilità

- SQ1: Capacità di analisi
- SQ2: Capacità di sintesi
- SQ10: Analizzare i requisiti espliciti, impliciti e cogenti dell'utenza
- SP15: Analizzare la domanda di settore e applicare gli strumenti del Marketing Turistico Territoriale

Conoscenze

- KQ2: Quality Management – Fattori, indicatori e standard della qualità nei servizi
- KQ22: Quality Management – Fattori (dimensioni) e indicatori di qualità
- KS6: Turismo Naturalistico
- KS29: Marketing Turistico
- KQ33: Quality Management – Analisi dei requisiti delle parti interessate

Abilità

- SP71: Individuare e classificare le varie tipologie di escursioni

Conoscenze

- KS190: Percorsi naturalisti-ambientali (classificazione e concetti base)
- KS191: Caratteristiche delle escursioni

Attività: T3.1 Individuare e Analizzare la normativa di settore

Abilità

- SQ1: Capacità di analisi
- SP1: Individuare e valutare l'applicabilità delle norme di tutela e Fruizione del Patrimonio Culturale e Paesaggistico
- SP2: Individuare e valutare l'applicabilità della normativa sulla sicurezza nei luoghi di lavoro, con pertinenza al proprio settore di riferimento
- SP4: Individuare e valutare l'applicabilità della Legislazione in materia di permessi e autorizzazioni per le escursioni

Conoscenze

- KS39: La normativa per la tutela e la fruizione dei Beni Culturali
- KS40: I criteri per la tutela dei beni culturali
- KS41: I vari livelli di tutela
- KS43: I Beni paesaggistici
- KS47: La normativa sulla Privacy e la filiera turistica
- KS48: Il Regolamento europeo 2016/679
- KS49: La normativa sulla Sicurezza nei luoghi di lavoro nella filiera turistica
- KS52: Normativa per la tutela del consumatore
- KT22: Normativa in materia di responsabilità civile e penale

- KS106: Legislazione Turistica

Attività: T3.2 Individua e Analizza gli stakeholders (chi sono le parti interessate: interne/esterne)

Abilità

- SQ1: Capacità di analisi
- SP24: Individuare gli Stakeholder Strategici

Conoscenze

- KS27: Sistemi turistici locali
- KS28: Istituzioni e promozione turistica
- KS24: Destination Management Organizzation (DMO)
- KS92: Organismi di tutela e vigilanza
- KTN12: Gli organi di tutela e vigilanza ambientale
- KS233: Sistema Nazionale I.N.F.E.A,

Attività: T3.3 Individua e Analizza le attrazioni (Patrimonio naturale e Ambientale)

Abilità

- SQ1: Capacità di analisi
- SP30: Analizzare e relazionare il Patrimonio Naturalistico
- SP72: Conoscere e analizzare contesto antropico del proprio territorio
- SP74: Conoscere e analizzare le attrazioni endogene culturali del proprio territorio
- SP75: Conoscere e analizzare le attrazioni indotte

Nota: Le attrazioni vengono in questo contesto suddivise in:

- **Attrazioni endogene**: attrazioni naturali (montagne, laghi, spiagge, fiumi, clima, etc.) o culturali (cucina, artigianato, lingua, usi e costumi, monumenti, fatti storici, etc.)

- **Attrazioni indotte**: infrastrutture turistiche, eventi speciali, attività ricreative e sportive, ecc.

Conoscenze

- KS3: Turismo Naturalistico
- KTN: Il Patrimonio Naturalistico
- KTN1: Le Aree Naturali Protette
- KTN2: Parchi e Riserve Naturali
- KTN3: Le riserve Naturali
- KTN4: Rete Natura 2000
- KTN5: Siti di Interesse Comunitario (SIC)
- KTN6: Zone di Protezione Speciale (ZPS)
- KTN7: Zone Speciali di Conservazione (ZSC)
- KTN8: Le Zone Umide
- KTN9: I Geositi
- KTN10: Strumenti di Gestione delle Aree Naturali Protette
- KTN11: I Piani Paesaggistici
- KTN13: Strategie per la Biodiversità
- KS191: Geografia antropica
- KS194: Attrazioni endogene culturali territoriali
- KS196: Attrazioni indotte territoriali

Compito T4: Progettare l'offerta

Individuare e configurare l'escursione (percorsi naturalistici e/o didattici) ed eventuali servizi di supporto aggiuntivi all'offerta base (Es: animazione di gruppi, didattica, ricettività, ristoro, fornitura di materiali di supporto, opuscoli didattici e informativi, ecc.)

Abilità

- SQ1: Capacità di analisi
- SQ11 Progettare processi e servizi
- SQ12: Implementare, documentare e classificare i processi fondamentali
- SQ14: Proporre cambiamenti di processo per facilitare e razionalizzare i miglioramenti
- SQ18: Individuare, comprendere e valutare i fattori, gli indicatori e gli standard della qualità
- SP17: Contribuire allo sviluppo dell'offerta
- SP76: Analizzare il Contesto Geografico fisico del Territorio
- SP85: Analizzare il Contesto Botanico, Zoologico e Antropico del Territorio

Conoscenze

- KQ1: Quality Management – La norma UNI EN ISO 9001
- KQ22: Quality Management – Fattori (dimensioni) e indicatori di qualità
- KQ11: Quality Management – Progettazione e sviluppo
- KS197: Progettazione delle Escursioni
- KS191: Geografia fisica (conoscenza e concetti base)
- KS198: Servizi di supporto alla offerta base
- KS99 Risk Management
- KS199: Tecniche e Metodologie Organizzative per i percorsi escursionistici
- KS200: Teorie e Tecniche di redazione di un itinerario
- KS201: Cartografia, Topografia e tecniche di orientamento
- KS202: Sentieristica e Segnaletica
- KS203: Teorie e Tecniche escursionistiche

- KS204: I Rischi Oggettivi dell'escursionismo e la protezione della persona
- KS205: Elementi di Meteorologia e Climatologia
- KS206: Servizi e Autorità competenti in caso di incidenti o malori
- KS208: Nozioni di Botanica, Zoologia e Geografia Antropica del territorio di riferimento
- KT5: Strumenti informatici e telematici di base
- KT16: Modelli Organizzativi Aziendali
- KS254: Norme tecniche di riferimento – UNI ISO 20611, UNI ISO 21101, ISO 21102, ISO/CD 3021

Compito T5: Comunicare l'offerta

Abilità

- SP8: Sviluppare un Piano di Comunicazione per il settore di riferimento
- SP11: Individuare le tecnologie web da utilizzare per il marketing turistico
- ST1: Capacità di comunicare
- ST6: Individuare e applicare gli strumenti informatici per la comunicazione

Conoscenze

- KQ34: Quality Management – Comunicazione interna ed esterna
- KS30: Turismo e Comunicazione
- KS31: Il Piano di Comunicazione
- KS32: Marketing e Promozione online
- KS33: Tecniche di Web Marketing
- KS34: Social Marketing
- KS35: Online Travel Agencies (OTA)
- KS100: Informatica per la comunicazione

Attività: T6.1: Pianificare le attività dal punto di vista qualitativo, operativo e della prevenzione dei rischi

Abilità

- SQ5: Capacità di pianificazione di itinerari escursionistici sulla base della tipologia del gruppo destinatario del servizio e del tempo prestabilito
- SP40: Saper verificare l'agibilità del percorso
- SP81: Capacità di individuare attrezzature ed equipaggiamento e valutarne l'adeguatezza

Conoscenze

- KQ7: Quality Management – Pianificazione e tenuta sotto controllo del servizio
- KQ8: Quality Management – Il Sistema di approvvigionamento
- KS209: Attrezzature ed equipaggiamento per le escursioni (classificazione, gestione e manutenzione)

Attività: T6.2: Definire le procedure e i regolamenti interni

Abilità

- SQ3: Capacità organizzative
- SQ13: Realizzare Procedure e Istruzioni Operative per la Qualità

Conoscenze

- KQ4: Quality Management – La Documentazione di Sistema; il Manuale; Procedure e Istruzioni Operative;
- KS101: Informatica e Telematica di base

Attività: T6.3: Gestire le risorse economiche (budget)

Abilità

- ST9: Utilizzare gli strumenti di amministrazione e contabilità aziendale

Conoscenze

- KQ8: Quality Management – Il Sistema di approvvigionamento

- KS103: Economia Aziendale

- KT9: Strumenti di amministrazione e contabilità aziendale

Attività: T6.4: Coordinare le risorse umane (staff)

Abilità

- SQ9: Identificare gap di competenze per la qualità

- SP18: Identificare gap di abilità e competenze per il settore di riferimento

- ST2: Capacità di gestione del gruppo

- ST3: Capacità di gestione dei conflitti

Conoscenze

- KQ5: Quality Management – La Gestione delle risorse umane

- KS104: Comunicazione e Gestione dei Conflitti

- KS105: Stili comunicativi e comunicazione efficace

- KT13: Contrattualistica

T6.5: Guidare in sicurezza il gruppo lungo l'itinerario prestabilito

Abilità

- ST1: Capacità di comunicare anche in relazioni alle diverse caratteristiche, tipologie e aspettative dei clienti
- ST2: Capacità di gestione e conduzione del gruppo anche in caso di eventi imprevisti
- ST3: Capacità di gestione dei conflitti
- SP78: Capacità di individuare e gestire i rischi oggettivi dell'escursionismo
- SP80: Capacità di valutare le capacità psicofisiche degli utenti
- SP81: Capacità di individuare attrezzature ed equipaggiamento e valutarne l'adeguatezza
- SP83: Capacità di riconoscere e gestire il rischio, a seconda della tipologia del cliente, in funzione del contesto
- SP87: Capacità di organizzare il soccorso con i servizi competenti e disponibili sul territorio

Conoscenze

- KT1: Comunicazione
- KT2: Tecniche di gestione dei gruppi
- KT3: Tecniche di gestione dei conflitti
- KT24: Elementi di Leadership e Psicologia di gruppo
- KS99 Risk Management
- KS204: I rischi oggettivi dell'escursionismo e la protezione della persona
- KS205: Elementi di meteorologia e climatologia (finalizzati alla comprensione delle situazioni di potenziale pericolo e ai comportamenti di messa in sicurezza)
- KS206: Servizi e Autorità competenti in caso di incidenti o malori
- KS210: Elementi di Etologia (Biologia comportamentale)

- KS254: Norme tecniche di riferimento – UNI ISO 20611, UNI ISO 21101, ISO 21102, ISO/CD 3021

T6.6: Garantire il corretto svolgimento delle escursioni

Abilità

- SQ4: Capacità di controllo
- SP37: Saper pianificare e coordinare la manutenzione delle attrezzature e dell'equipaggiamento
- SP77: Saper utilizzare tecniche e metodologie organizzative per i percorsi escursionistici
- SP79: Capacità di utilizzare le conoscenze di cartografia, topografia e orientamento
- ST21: Capacità di rispettare tempi e programmi
- SP82: Capacità di adattare e modificare razionalmente il percorso sulla base di imprevisti
- SP86: Capacità di relazionare e informare in relazione al contesto degli itinerari

Conoscenze

- KQ6: Quality Management – Le risorse logistiche: attrezzature e ambiente di lavoro
- KQ9: Quality Management – Produzione ed erogazione del servizio
- KQ10: Quality Management – Identificazione e rintracciabilità
- KS1: Logistica
- KS199: Tecniche e metodologie organizzative per i percorsi escursionistici
- KS200: Teorie e Tecniche di redazione di un itinerario
- KS201: Cartografia, Topografia e tecniche di orientamento

- KS202: Sentieristica e Segnaletica

- KS203: Teorie e Tecniche escursionistiche

- KS208: Nozioni di Botanica, Zoologia e Geografia Antropica del territorio di riferimento

- KS210: Elementi di Etologia (Biologia comportamentale)

- KS212: Elementi di Interpretazione Ambientale

- KS213: Elementi di Educazione Ambientale e alla Sostenibilità

- KS214: Elementi di Ecologia e Biodiversità

- KS224: Principi di educazione ambientale

- KS254: Norme tecniche di riferimento – UNI ISO 20611, UNI ISO 21101, ISO 21102, ISO/CD 3021

T6.7: Supportare eventuali attività di Educazione Ambientale

Abilità

- SP46: Curare e gestire percorsi didattici/informativi nel settore di riferimento

Conoscenze

- KS211: Elementi di Divulgazione Naturalistica

- KS208: Nozioni di Botanica, Zoologia e Geografia Antropica del territorio di riferimento

- KS210: Elementi di Etologia (Biologia comportamentale)

- KS212: Elementi di Interpretazione Ambientale

- KS213: Elementi di Educazione Ambientale e alla Sostenibilità

- KS214: Elementi di Ecologia e Biodiversità

T6.8: Verificare e controllare il rispetto della normativa vigente applicabile

Abilità

- SQ4: Capacità di controllo
- SP2: Verificare la corretta applicazione della normativa sulla sicurezza nei luoghi di lavoro
- SP4: Verificare la corretta applicazione della Legislazione Turistica
- SP42: Verificare la corretta applicazione della normativa in materia di Privacy

Conoscenze

- KS47: La normativa sulla Privacy e la filiera turistica
- KS49: La normativa sulla Sicurezza nei luoghi di lavoro
- KS52: Normativa per la tutela del consumatore
- KS106: Legislazione Turistica
- KT20: Normativa smaltimento rifiuti

T6.9: Monitorare la qualità del servizio

Abilità

- SQ20: Applicare metodologie e tecniche di monitoraggio
- SQ21: Applicare metodologie e tecniche di Customer Satisfaction
- SQ22: Monitorare e Valutare l'erogazione dei servizi

Conoscenze

- KQ13: Quality Management – Monitoraggi e misurazione dei processi e dei servizi
- KQ14: Quality Management – La Gestione delle Non Conformità e le Azioni Correttive
- KQ15: Quality Management – Valutazione della qualità dei servizi

Abilità

- SQ14: Proporre cambiamenti di processo per facilitare e razionalizzare i miglioramenti
- SQ16: Valutare e analizzare i singoli processi per identificare le azioni correttive e di miglioramento

Conoscenze

- KQ35: Quality Management – Miglioramento Continuo

Compiti facoltativi

Compito T8: Effettuare interventi di primo soccorso in caso di incidenti o malore

Abilità

- SP84: Applicare in autocontrollo le tecniche di base di primo intervento

Conoscenze

- KS206: Servizi e Autorità competenti in caso di incidenti o malori
- KS207: Nozioni e tecniche di primo soccorso in contesto escursionistico (traumi, malori, morsicature di insetti o animali, ustioni)
- KT23: Standard Basic Life Support (BLS)

Compito T9: Interfacciarsi in lingua straniera in funzione del target territoriale di riferimento dei propri clienti

Abilità

- ST8 Utilizzare le lingue straniere in ambito lavorativo in funzione del target territoriale di riferimento dei propri clienti

Conoscenze

- KS113: Almeno una lingua straniera in relazione al target territoriale di riferimento dei propri clienti

Lo schema aggiornato è consultabile al seguente indirizzo:

https://www.turismoartiespettacolo.it/guida-naturalistica-guida-ambientale-escursionistica-ptu13-p9/

Responsabile Sistemi di Gestione Sostenibile degli Eventi

1. Titolo

SPCP162: Responsabile Sistemi di Gestione Sostenibile degli Eventi

2. Livello EQF

Quinto livello EQF

3. Codice TAECF

CP162

4. Descrizione

Il Responsabile Sistemi di Gestione Sostenibile degli Eventi è una figura professionale, ad alto contenuto intellettuale, che possiede competenze specifiche per svolgere attività di:

- Ideazione,
- Progettazione,
- Comunicazione,
- Allestimento,
- Gestione,
- Miglioramento
- Valutazione

inerenti agli eventi sostenibili.

Il Responsabile Sistemi di Gestione Sostenibile degli Eventi può svolgere le attività sia per conto proprio (lavoro autonomo), sia per altre parti interessate in qualità di Esperto/Consulente.

5. Normativa di riferimento

- Quadro Europeo delle Qualifiche (European Qualification Framework – EQF)
- Raccomandazione 2009/C 155/02 (Sistema europeo di crediti per l'istruzione e la formazione professionale -ECVET)
- Legge 4/2013 relative alle professioni non regolamentate

6. Compiti e attività specifiche

Compiti principali

I singoli compiti possono essere eventualmente descritti da un insieme di attività specifiche a essi associati.

Di seguito vengono elencati i compiti e le attività specifiche associando, per ogni compito o attività specifica i requisiti di conoscenze, abilità e competenze. Verrà infine indicata una matrice di correlazione riassuntiva al fine di fornire una rappresentazione sintetica e complessiva di quanto esposto.

Compiti fondamentali e attività specifiche

- T1: Individuare Scopo e obiettivi dell'evento
- T2: Analizzare il Contesto di riferimento
    - o   T2.1 Individua e Analizza la normativa di settore
    - o   T2.2 Individua e Analizza gli stakeholders (chi sono le parti interessate: interne/esterne)

- o   T2.3: Valutare le aspettative dei visitatori

  - o   T2.4 Effettuare l'Analisi di Fattibilità dell'Evento

- T3: Progettare l'evento

- T4: Comunicare l'evento

- T5: Realizzare l'evento

  - o   T5.1: Pianificare le attività

  - o   T5.2: Definire le procedure e i regolamenti interni

  - o   T5.3: Gestire le risorse economiche

  - o   T5.4: Coordinare le risorse umane

  - o   T5.5: Aprire l'evento e garantirne la corretta esecuzione

  - o   T5.6: Verificare e controllare la conformità alla normativa vigente applicabile e ai principi di sostenibilità

  - o   T5.7: Chiusura Evento

  - o   T5.8: Monitorare la qualità dell'evento

- T6: Migliorare gli eventi (miglioramento continuo)

7. Abilità e Conoscenze

Compito T1: Individuare Scopo e obiettivi dell'evento

Abilità

- SP70: Individuare e classificare i vari tipi di eventi

Conoscenze

- KS109: Eventi: Classificazione e concetti base
- KS183: Caratteristiche degli Eventi

- KS260: Caratteristiche degli Eventi Sostenibili

Compito T2: Analizzare il Contesto di riferimento

Attività: T2.1 Individuare e Analizzare la normativa di settore

Competenze

- CTS116: Identificare e analizzare la legislazione in materia di permessi e autorizzazione per gli eventi

Abilità

- SQ1: Capacità di analisi
- SP1: Individuare e valutare l'applicabilità delle norme di tutela e Fruizione del Patrimonio Culturale e Paesaggistico
- SP2: Individuare e valutare l'applicabilità della normativa sulla sicurezza nei luoghi di lavoro, con pertinenza al proprio settore di riferimento
- SP4: Individuare e valutare l'applicabilità della Legislazione Turistica
- SP22: Individuare e valutare l'applicabilità di Politiche di Settore
- SP25: Valutare l'applicabilità di Programmi, Convenzioni e Riconoscimenti Istituzionali
- SP119: Identificare e analizzare i principi applicabili in materia di eventi sostenibili
- SP120: Identificare e analizzare la legislazione in materia di permessi e autorizzazione per gli eventi

Conoscenze

- KS39: La normativa per la tutela e la fruizione dei Beni Culturali
- KS40: I criteri per la tutela dei beni culturali
- KS41: I vari livelli di tutela
- KS47: La normativa sulla Privacy e la filiera turistica
- KS48: Il Regolamento europeo 2016/679
- KS49: La normativa sulla Sicurezza nei luoghi di lavoro nella filiera turistica
- KS52: Normativa per la tutela del consumatore
- KS188: La normativa relativa alle Autorizzazioni e ai Permessi in materia di eventi
- KS111: Sostenibilità degli Eventi
- KS4: Turismo Sociale e Sostenibile
- KS232: Normativa di Tutela Ambientale e Sviluppo Sostenibile

Attività: T2.2 Individuare e Analizzare gli stakeholders (chi sono le parti interessate: interne/esterne)

Abilità

- SQ1: Capacità di analisi
- SP24: Individuare gli Stakeholder Strategici

Conoscenze

- KS27: Sistemi turistici locali
- KS28: Istituzioni e promozione turistica
- KS24: Destination Management Organizzation (DMO)
- KS92: Organismi di tutela e vigilanza

- KS215: Istituzioni operanti in ambito Ambientale e della Sostenibilità

Attività: T2.3 Valutare le aspettative dei visitatori

Abilità

- SQ1: Capacità di analisi
- SQ2: Capacità di sintesi
- SQ10: Analizzare i requisiti espliciti, impliciti e cogenti dell'utenza
- SP15: Analizzare la domanda in materia di eventi
- SP12: Individuare le tecnologie web da utilizzare per il marketing degli eventi

Conoscenze

- KQ2: Quality Management – Fattori, indicatori e standard della qualità nei servizi
- KS29: Marketing Turistico
- KQ33: Quality Management – Analisi dei requisiti delle parti interessate
- KS183: Caratteristiche degli Eventi
- KS91: Teorie e Modelli delle Esperienze
- KS93: Caratteristiche delle Esperienze
- KS216: Principi di sviluppo Sostenibile

T2.4 Effettuare l'Analisi di Fattibilità dell'Evento

Abilità

- SQ1: Capacità di analisi
- SP13: Analizzare e valutare il contesto territoriale per identificare punti di forza e di debolezza
- SP16: Effettuare Analisi SWOT
- SP6: Contribuire alla strategia per lo sviluppo sostenibile

Conoscenze

- KS96: Costi di Gestione
- KS99 Risk Management
- KS216: Principi di sviluppo Sostenibile

Compito T3: Progettare l'evento

Abilità

- SQ11 Progettare processi e servizi
- SQ12: Implementare, documentare e classificare i processi fondamentali
- SQ14: Proporre cambiamenti di processo per facilitare e razionalizzare i miglioramenti
- SQ18: Individuare, comprendere e valutare i fattori, gli indicatori e gli standard della qualità
- SP17: Contribuire allo sviluppo dell'offerta culturale (evento)
- SP121: Progettare e Pianificare Eventi

Conoscenze

- KQ1: Quality Management – La norma UNI EN ISO 9001
- KQ22: Quality Management – Fattori (dimensioni) e indicatori di qualità
- KQ11: Quality Management – Progettazione e sviluppo;
- KS95: Progettazione delle Esperienze
- KS185: Progettazione degli Eventi
- KS261: Sistemi di Gestione sostenibile degli eventi: UNI ISO 20121
- KS216: Principi di sviluppo Sostenibile

Compito T4: Comunicare l'evento

Abilità

- SP8: Sviluppare un Piano di Comunicazione per il settore di riferimento
- SP11: Individuare le tecnologie web da utilizzare per il marketing turistico
- ST1: Capacità di comunicare
- ST6: Individuare e applicare gli strumenti informatici per la comunicazione
- SP12: Individuare le tecnologie web da utilizzare per il marketing degli eventi

Conoscenze

- KQ34: Quality Management – Comunicazione interna ed esterna
- KS30: Turismo e Comunicazione
- KS31: Il Piano di Comunicazione
- KS32: Marketing e Promozione online
- KS33: Tecniche di Web Marketing
- KS34: Social Marketing
- KS35: Online Travel Agencies (OTA)
- KS100: Informatica per la comunicazione

Compito T5: Realizzare l'evento

Attività: T5.1: Pianificare le attività

Abilità

- SQ5: Capacità di pianificazione
- SQ7: Capacità nel produrre piani di miglioramento
- SP38: Applicare tecniche di allestimento per gli eventi espositivi di propria pertinenza
- SP40: Saper organizzare gli spazi dove vengono realizzati i servizi e le proprie offerte
- SP42: Saper organizzare la location e la "messa in scena" dell'evento
- SP39: Applicare tecniche di presentazione multimediale
- SP122: Applicare le metodologie indicate dai Sistemi di Gestione Sostenibile degli Eventi

Conoscenze

- KQ7: Quality Management – Pianificazione e tenuta sotto controllo del servizio
- KQ8: Quality Management – Il Sistema di approvvigionamento
- KS110: Eventi: La Location
- KS186: Pianificazione degli Eventi
- KS102: Il Teatro come modello di messa in scena degli eventi esperienziali
- KQ26: Quality Management – Standard di qualità degli eventi
- KS261: Sistemi di Gestione sostenibile degli eventi: UNI ISO 20121

Attività: T5.2: Definire le procedure e i regolamenti interni

Abilità

- SQ3: Capacità organizzative
- SQ13: Realizzare Procedure e Istruzioni Operative per la Qualità
- CTQ1-10 Produzione e gestione della documentazione
- ST5: Individuare e applicare gli strumenti informatici e telematici di base
- ST6: Individuare e applicare gli strumenti informatici per la comunicazione
- SP123: Individuare e valutare l'applicabilità di tecniche e metodologie di Organizzazione aziendale

Conoscenze

- KQ4: Quality Management – La Documentazione di Sistema; il Manuale; Procedure e Istruzioni Operative

- KS101: Informatica e Telematica di base

- KS261: Sistemi di Gestione sostenibile degli eventi: UNI ISO 20121

Attività: T5.3: Gestire le risorse economiche

Abilità

- ST9: Utilizzare gli strumenti di amministrazione e contabilità aziendale

Conoscenze

- KQ8: Quality Management – Il Sistema di approvvigionamento

- KS103: Economia Aziendale

Attività: T5.4: Coordinare le risorse umane

Abilità

- SQ9: Identificare gap di competenze per la qualità

- SP18: Identificare gap di abilità e competenze per il settore di riferimento

- ST2: Capacità di gestione del gruppo

- ST3: Capacità di gestione dei conflitti

Conoscenze

- KQ5: Quality Management – La Gestione delle risorse umane

- KS104: Comunicazione e Gestione dei Conflitti

- KS105: Stili comunicativi e comunicazione efficace

Attività: T5.5: Aprire l'evento e Garantirne la corretta esecuzione

Abilità

- SQ4: Capacità di controllo

- SP37: Saper pianificare e coordinare la manutenzione delle infrastrutture e delle attrezzature di propria pertinenza

- SP40: Saper organizzare gli spazi dove vengono realizzati i servizi e le proprie offerte

- SP41: Saper organizzare la location e la messa in scena della propria offerta

- SP124: Applicare le metodologie del Quality Management ai processi associati all'offerta

- SP125: Gestire e realizzare Eventi

- SP126: Garantire l'applicazione della Normativa Tutela Ambientale e Sviluppo Sostenibile

- SP127: Applicare le metodologie indicate dai Sistemi di Gestione Sostenibile degli Eventi

Conoscenze

- KQ6: Quality Management – Le risorse logistiche: attrezzature, infrastrutture e ambiente di lavoro

- KQ9: Quality Management – Produzione ed erogazione del servizio

- KQ10: Quality Management – Identificazione e rintracciabilità

- KS1: Logistica

- KS187: Location e Luoghi utilizzati per gli eventi (Tutela)

- KS189: Metodologie e Tecniche espositive

- KS261: Sistemi di Gestione sostenibile degli eventi: UNI ISO 20121

Attività: T5.6: Verificare e controllare la conformità alla normativa vigente applicabile

Abilità

- SP1: Individuare e valutare l'applicabilità delle norme di tutela e Fruizione dei Beni Culturali (laddove applicabile)
- SQ4: Capacità di controllo
- SP2: Verificare la corretta applicazione della normativa sulla sicurezza nei luoghi di lavoro
- SP4: Verificare la corretta applicazione della Legislazione Turistica
- SP42: Verificare la corretta applicazione della normativa in materia di Privacy

Conoscenze

- KS47: La normativa sulla Privacy e la filiera turistica
- KS49: La normativa sulla Sicurezza nei luoghi di lavoro
- KS52: Normativa per la tutela del consumatore
- KS106: Legislazione Turistica
- KS39: La normativa per la tutela e la fruizione dei Beni Culturali
- KS232: Normativa di Tutela Ambientale e Sviluppo Sostenibile

Attività: T5.7: Chiusura Evento

Abilità

- SP1: Individuare e valutare l'applicabilità delle norme di tutela e Fruizione dei Beni Culturali (laddove applicabile)
- SP2: Verificare la corretta applicazione della normativa sulla sicurezza nei luoghi di lavoro
- ST20: Individuare e applicare gli strumenti per la rendicontazione

Conoscenze

- KS49: La normativa sulla Sicurezza nei luoghi di lavoro
- KS39: La normativa per la tutela e la fruizione dei Beni Culturali
- KT20: Normativa smaltimento rifiuti
- KT21: Strumenti e procedure per la rendicontazione

Attività: T5.8: Monitorare la qualità dell'evento

Abilità

- SQ19: Applicare strumenti di auditing
- SQ20: Applicare metodologie e tecniche di monitoraggio
- SQ21: Applicare metodologie e tecniche di Customer Satisfaction
- SQ22: Monitorare e valutare l'erogazione dei servizi

Conoscenze

- KQ13: Quality Management – Monitoraggi e misurazione dei processi e dei servizi

- KQ14: Quality Management – La Gestione delle Non Conformità e le Azioni Correttive

- KQ15: Quality Management – Valutazione della qualità dei servizi

- KQ16: Quality Management – Le verifiche ispettive interne (Audit)

- KQ17: Quality Management – La norma ISO19011

- KQ19: Quality Management – Conduzione degli audit

- KQ31: Quality Management – Monitoraggio e audit

- KQ33: Quality Management – Monitoraggi e valutazione della qualità degli eventi

T6: Migliorare gli eventi (miglioramento continuo)

Abilità

- SQ14: Proporre cambiamenti di processo per facilitare e razionalizzare i miglioramenti

- SQ16: Valutare e analizzare i singoli processi per identificare le azioni correttive e di miglioramento

- SP21: Individuare e fornire supporto per la scelta e l'applicazione di tecnologie innovative per il settore di riferimento

- SQ8: Gestire il processo di richiesta di cambiamenti

- SP10: Applicare strumenti per la misurazione e la valutazione degli eventi

- SP20: Comprendere gli impatti delle nuove tecnologie nei processi del proprio settore

- SP35: Analizzare e interpretare le tendenze di mercato

Conoscenze

- KQ35: Quality Management – Miglioramento Continuo
- KS38: Le nuove tecnologie emergenti
- KS184: Valutazione degli Eventi
- KQ26: Standard di qualità degli eventi
- KS94: Valutazione delle Esperienze

Compito T7: Realizzare Eventi espositivi a carattere didattico

Abilità

- SP36: Effettuare formazione e informazione con riferimento alle materie legate alla propria professione
- SP45: Elaborare Progetti formativi/informativi nel settore di riferimento
- SP46: Curare e gestire eventi formativi/informativi nel settore di riferimento

Conoscenze

- KS112: Tecniche e Metodologie della didattica
- KS127: Metodologie e tecniche per la valutazione degli eventi formativi
- KS128: Elementi di Pedagogia

Per l'attestazione del possesso dei requisiti di competenze, abilità e conoscenze relativi alla professione, si propone di tenere in considerazione metodologie che tengono conto dei seguenti aspetti in modo non mutuamente esclusivo, vale a dire eventualmente in combinazione tra di loro:

- **Titoli di studio** rilasciati in ambito accademico (Apprendimento Formale)
- **Formazione Specifica** (Apprendimento Non Formale)
- **Esperienza lavorativa o professionale** (Apprendimento Informale)

Requisiti di accesso alla figura professionale

- Aver frequentato percorsi formativi specifici per la figura professionale in oggetto organizzati/riconosciuti da Università, Regioni o da Associazioni di professionisti istituiti ai sensi della legge 4/2013 e riconosciuti dal MISE, e almeno sei mesi, anche non continuativi, di comprovata esperienza lavorativa o professionale nel settore di riferimento.

Oppure:

- Aver frequentato un percorso di formazione specifica i cui contenuti e le modalità di valutazione siano conformi alla presente scheda, e almeno 6 mesi di esperienza lavorativa o professionale nel settore di riferimento.

Oppure:

- Aver frequentato un percorso di formazione specifica i cui contenuti sono esplicitati da norme UNI, laddove esistenti, purché coerenti con la competenza in oggetto, e almeno 6 mesi di esperienza lavorativa o professionale nel settore di riferimento.

Oppure:

- Laurea magistrale e almeno un anno, anche non continuativo, di comprovata esperienza lavorativa o professionale nel settore di riferimento.

Oppure:

- Laurea triennale e almeno due anni, anche non continuativi, di comprovata esperienza lavorativa o professionale nel settore di riferimento.

Oppure:

- Diploma di scuola secondaria di secondo grado e almeno cinque anni, anche non continuativi, di comprovata esperienza lavorativa o professionale nel settore di riferimento.

Oppure:

- Almeno 10 anni di comprovata esperienza lavorativa o professionale nel settore di riferimento.

Lo schema aggiornato è consultabile al seguente indirizzo:

https://www.aiptoc.it/rsgse-responsabile-sistemi-di-gestione-sostenibile-degli-eventi-sp-taecf-cp162/

Bibliografia

- Ignazio Caloggero - Turismo, Arte e Patrimonio Culturale: Profili Professionali e Nuovo Quadro delle Competenze – Edizioni Centro Studi Helios – Ragusa 2022

- Ignazio Caloggero: Turismo e Marketing Esperienziale - Principi, Casi di Studio, Marchio di Qualità Esperienziale, Competenze e Profili Professionali - Edizioni Centro Studi Helios – Ragusa 2023

- Direttiva 2005/36/CE del Parlamento Europeo e del Consiglio del 7 settembre 2005 relativa al riconoscimento delle qualifiche professionali

- Direttiva 2013/55/UE del Parlamento europeo e del Consiglio, recante modifica della direttiva 2005/36/CE, relativa al riconoscimento delle qualifiche professionali

- Direttiva (UE) 2018/958 del Parlamento europeo e del Consiglio, del 28 giugno 2018, relativa a un test della proporzionalità prima dell'adozione di una nuova regolamentazione delle professioni

- Raccomandazione del Consiglio sul quadro europeo delle qualifiche per l'apprendimento permanente del 22 maggio 2017 (European Qualification Framework – EQF), che abroga la precedente raccomandazione del 23 aprile 2008

- Raccomandazione del Parlamento europeo e del Consiglio del 18 giugno 2009 sull'istituzione di un sistema europeo di crediti per l'istruzione e la formazione professionale (ECVET) - (2009/C 155/02).

- Raccomandazione del Parlamento europeo e del Consiglio del 18 giugno 2009 sull'istituzione di un quadro europeo di riferimento per la garanzia della qualità dell'istruzione e della formazione professionale

- Sistema europeo per l'accumulazione e il trasferimento dei crediti (ECTS): Guida per l'utente 2015

- Raccomandazione del Consiglio del 20 dicembre 2012 sulla convalida dell'apprendimento non formale e informale (2012/C 398/01)

- Raccomandazione del Consiglio del 26 novembre 2018 sulla promozione del riconoscimento reciproco automatico dei titoli dell'istruzione superiore e dell'istruzione e della formazione secondaria superiore e dei risultati dei periodi di studio all'estero (2018/C 444/01

- Linee guida europee per la convalida dell'apprendimento non formale e informale – Centro Europeo per lo Sviluppo della Formazione Professionale (CEDEFOP) – 2016

- Decreto MLPS – MIUR 08/01/2018 "Istituzione del Quadro nazionale delle qualificazioni rilasciate nell'ambito del Sistema nazionale di certificazione delle competenze di cui al decreto legislativo 16 gennaio 2013, n. 13"

- Sistema europeo per l'accumulazione e il trasferimento di crediti (ECTS) Guida per l'utente, 2009)

- UNI 11506: Attività professionali non regolamentate – Figure Professionali operanti nel settore ICT – Requisiti per la valutazione e certificazione delle conoscenze, abilità e competenze per i profili professionali ICT basati sul modello e-CF

- Decreto Legislativo 16 gennaio 2013, n. 13 Definizione delle norme generali e dei livelli essenziali delle prestazioni per l'individuazione e validazione degli apprendimenti non formali e informali e degli standard minimi di servizio del sistema nazionale di certificazione delle competenze, ai sensi dell'art.4, commi 58 e 68 della legge 28 giugno 2012, n. 92

- Qualità, Modelli Operativi e Competitività dell'Offerta Turistica (Ed. 2019) di Ignazio Caloggero. Edizioni Centro Studi Helios ISBN: 9788832060034

- GUIDA CEN 14: Linee guida di indirizzo per le attività di normazione sulla qualificazione delle professioni e del personale.

- Bloom, B.S. (Ed.), Engelhart, M.D., Furst, E.J., Hill, W.H. and Krathwohl, D.R. Taxonomy of Educational Objectives: Handbook 1: Cognitive Domain. (1956)

- Anderson, L.W., Krathwohl, D.R. (Eds.) A Taxonomy for Learning, Teaching and Assessing. A Revision of Bloom's Taxonomy of Educational Objectives. (2001)